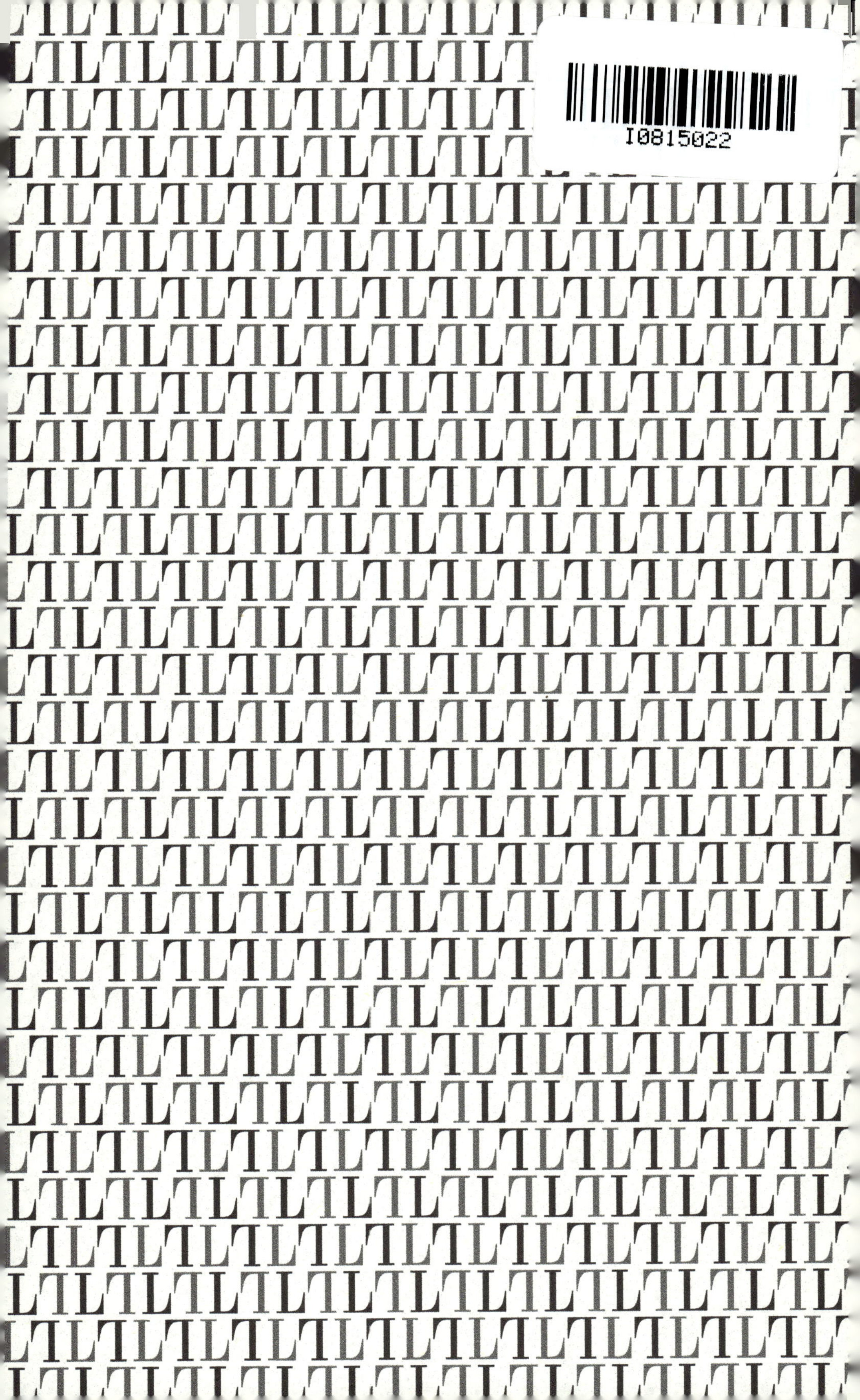
I0815022

La reina de espadas

La reina de espadas

Jazmina Barrera

Lumen

narrativa

Papel certificado por el Forest Stewardship Council®

Primera edición: abril de 2024
Primera reimpresión: octubre de 2025

Gracias al apoyo de la Fundación para las Letras Mexicanas,
la escritura de una parte sustantiva de esta obra se desarrolló en la Casa Estudio Cien Años de Soledad,
lugar donde Gabriel García Márquez creó su obra maestra.

Printed in Spain – Impreso en España

ISBN: 978-84-264-3077-9
Depósito legal: B-690-2024
Impreso en Arcángel Maggio Europa, S. L.

H 4 3 0 7 7 9

Para Verónica Murguía

Un muerto es siempre una verdad.

Elena Garro

Una vida en fuga

Al menos el principio está claro. Corría el año 1916 en la ciudad asturiana Cangas de Onís cuando la mexicana Esperanza Navarro se enteró de que su esposo, el español José Antonio Garro, sostenía un romance con una prima de ella. Esperanza tenía ocho meses de embarazo y estaba comprensiblemente furiosa. Así que vendió sus joyas y partió junto con su hija de dos años, Devaki, al puerto de Vigo. Ahí se embarcó rumbo a México, llegó a Veracruz y tomó un tren hacia la capital. Iba corriendo contra el reloj de su cuerpo y el parto la detuvo en Puebla, donde vivía su hermana Consuelo. El 11 de diciembre de 1916 nació Elena Delfina Garro Navarro. Y así comenzó, ya desde el vientre materno, una vida en fuga.

Elena Garro, la pérdida del reino, p. 7.

Primer encuentro

A comienzos de 2016 yo nunca había leído a Elena Garro. Tenía 27 años, estaba estudiando una maestría y había leído muchos libros, porque no hacía más que leer y llevaba al menos seis años estudiando literatura y escritura. Su obra no estaba en el programa oficial de mi secundaria, ni de la preparatoria, ni en las clases de Literatura Hispánica que cursé. De Elena Garro me habían contado que sus obras de teatro eran magníficas y también había ido varias veces a la librería en Coyoacán que lleva su nombre, pero confieso que en ese entonces no habría podido mencionar ni uno solo de sus libros.

Para titularme de la maestría que estudiaba en Nueva York tenía que terminar una novela: la historia de una madre y una hija que huían de un marido y padre violento y poderoso. Estaban escondidas en una casa y cada vez tenían más miedo del mundo exterior. Después pasaban otras cosas, pero esa era la premisa. Llevé la novela a distintos talleres, donde recibí comentarios de mis compañeros y de mis profesores —tanta variedad de opiniones era para enloquecer a cualquiera y el libro parecía cada vez más un Frankenstein sin pies ni cabeza—. Una de las profesoras era la escritora Lina Meruane, que trató de ayudarme con ese pobre intento de novela, que aún agoniza (y seguirá agonizando) en el archivo antiguo de algún disco duro. Fue ella quien me recomendó que leyera a Elena Garro; me dijo que tenía que leer *Andamos huyendo, Lola*, porque era un libro parecido al mío. «Demasiado parecido», recuerdo que dijo, y tras ese inquietante comentario fui de inmediato a buscarlo a la biblioteca. Me devoré esos cuentos extraños, hermosos y angustiantes, que en efecto tenían mucho en común con mi libro —eran, por supuesto, infinitamente mejores, pero se parecían a eso que yo quería escribir—, y me pregunté por qué había tardado tanto tiempo en llegar a Elena Garro. ¿Por qué sus libros eran tan difíciles de conseguir? ¿Por qué era en un país extranjero y por recomendación de una escritora chilena que llegaba por fin a su obra? ¿Quién diablos era Elena Garro?

Ser salvaje

José Garro pronto alcanzó a Esperanza Navarro en México. De alguna forma logró que lo perdonara y se instalaron juntos en la capital. De los primeros años de Elena no hay mayor registro. Ella contaba que en ese tiempo le apasionaba el revés de las cosas, que exploraba el envés de los bordados y debajo de los muebles, y que aprendió a leer pero de derecha a izquierda. En el documental *La cuarta casa*, de José Antonio Cordero, dice que le estaba costando trabajo aprender a leer y que su papá «estaba muy humillado» por eso. Pero era porque no se fijaba: «la monja estaba diciendo: "la *a* por la patita, la *o* por el rabito", y yo estaba viendo los polvos». Se imaginaba que cada polvo era un mundo en el que vivían personas diminutas y se inventaba sus historias. Cuando por fin aprendió a leer, aprendió, pues, a hacerlo al revés, y creó así un idioma propio, que solo comprendía su hermana Devaki y que las monjas teresianas con las que estudiaba consideraban una herejía. La hacían clavar una espina de rosal en un

Sagrado Corazón para que se arrepintiera. Ella no se arrepentía.

La familia vivía en la calle de Guanajuato cuando llegó de España el hermano de su padre, el tío Boni, con su esposa, Hebe, y sus dos hijas. Pronto, sin embargo, la tía Hebe murió, y Boni huyó de la ciudad en un rapto de tristeza y desesperación. José Antonio Garro dio con él en Iguala, en el estado de Guerrero, y allá se mudó con su familia y puso una tienda, un monopolio llamado «Ciudad de México» que vendía las telas más usadas por los nahuas de la región para vestirse: la manta y la cambaya.

Elena Garro, la pérdida del reino, p. 9.

A esos años de infancia en Iguala, a esos «días de las metamorfosis», Elena volvería invariablemente. Sus recuerdos son de un espacio de libertad, de baños en los pozos y subidas a los tejados y a los árboles —uno de los árboles se llamaba Troya y el otro Grecia— para jugar con resorteras. Sus padres, según contó, solían estar ocupados trabajando o leyendo: «Nos pusieron en el jardín y nos dejaron crecer como plantas». En Iguala se educó entre los nahuas, empapándose de su cosmovisión, oyendo y atestiguando los relatos de las violencias que sufrían, en particular cuando la Guerra cristera llegó a la zona. Al principio no iba a la escuela, pero leía con su padre y con su tío a los clásicos griegos y a los autores de los Siglos de Oro. Aprendía latín y francés, escuchaba los cuentos de hadas que le narraba su madre, escribía poemas y jugaba con sus hermanos

Cristales de tiempo, p. 187.

La semana de colores, p. 98.

—para entonces ya habían nacido Estrella y Albano— a ser Ulises, don Quijote, rey, merolico y general mexicano.

Protagonistas..., pp. 477-478.

En el mejor relato sobre su infancia, el que hizo para Emmanuel Carballo en *Protagonistas de la literatura mexicana*, dice sobre sus padres:

> Ellos me enseñaron la imaginación, las múltiples realidades, el amor a los animales, el baile, la música, el orientalismo, el misticismo, el desdén por el dinero y la táctica militar leyendo a Julio César y a Von Clausewitz. Mientras viví con ellos solo lloré por Cristo y por Sócrates, el domingo en que bebió la cicuta, cuando mi padre nos leyó los *Diálogos* de Platón, que no he releído.

«En la infancia aprendemos todo», diría años después, entrevistada por Elena Poniatowska. Y le daba cuerda al tema: «Crecer es olvidar poco a poco lo que aprendimos con tal intensidad»; «En esos recuerdos es en lo que más me gusta pensar, porque cuando pasan los años lo único que queda es la infancia; es lo único que me parece real»; «La infancia es siempre mi punto de referencia. En ese tiempo viví todo, lo que siguió ha sido de pilón».

Diálogos con Elena Garro, p. 148.

Protagonistas..., pp. 479-481.

En *Protagonistas* cuenta cantidad de travesuras: ella y sus hermanas se escapaban al monte, aventaban a su hermano a la fuente para «ver cómo se ahogaba» y esperaban a que el perro lo recogiera, o alguna de ellas se escondía en un tinaco y las demás fingían que se había perdido.

Su hermana Deva se fue a estudiar a una escuela elegante en la Ciudad de México y cuando su padre le preguntó a Elena si quería ir o seguir «de salvaje» en Iguala, la niña le dijo: «Prefiero ser salvaje». Su escuelita la habían montado su padre y otras personas de dinero en Iguala, y Elena hacía lo que le daba la gana. Se subía impunemente al techo de la escuela, se disfrazaba con un paliacate, un sombrero y un puñal, y asaltaba las casas de sus familiares y vecinos. La mandaron a la Ciudad de México cuando se convirtió en pirómana y le prendió fuego a la casa de una señora llamada Carolina Cortina.

En Iguala leyó en público por primera vez cuando un inspector le hizo escribir una composición para el Día del Árbol y, aunque no quería, la obligaron a leerla en voz alta.

Datos y gatos

De los muertos conservamos, sobre todo, imágenes y palabras: en eso se parecen a los libros. Podríamos hasta cometer el error de confundir a los muertos con libros, pero ninguna vida cabe en un libro. Harían falta varios baúles, archivos, bibliotecas y hemerotecas para abarcar la vasta, inaprensible vida de Elena Garro, y esto que escribo no aspira a tanto. No quiere tener la última palabra sobre nada ni nadie. Esto no es una biografía, es apenas una libreta de apuntes, una colección de historias, ideas, datos y gatos.

Bienes raíces

Derrumbaron la casa donde vivió Elena Garro en Iguala y en su lugar construyeron otra —con una placa conmemorativa— que en 2020 se puso a la venta. Frente a la Parroquia de San Francisco de Asís, junto a la Plaza de las Tres Garantías, está en una esquina la casa blanca, de tres pisos. La planta baja tiene locales comerciales, y entre los negocios están Foto Graciela, Nutri Jugos y la librería Torre Fuerte, que vende algunas novelas de amor y dos biblias al precio de una.

Memorias, p. 43.

Infancia

En una de sus libretas de notas —pequeña, engargolada, azul— transcribió esta frase:

«*Le génie n'est que l'enfance retrouvée à volonté*».

«El genio no es más que la infancia recobrada a voluntad».

Ch. Baudelaire

Advertencia

La frase más famosa de Elena Garro dice así: «Yo solo soy memoria y la memoria que de mí se tenga». Los recuerdos que tenemos hoy de Elena Garro son confusos y contradictorios. Ocurre quizás con todos los muertos, pero un poco más con ella, porque con ella cuesta mucho trabajo separar los hechos de la mentira; la mentira, de la literatura, y la literatura, de los hechos. Es que los sucesos comprobados de su vida son muchas veces inverosímiles. Y es que a Elena le gustaba inventar historias (o contar mentiras, según fuera el caso) sobre otras vidas y sobre la suya propia. Y es que al gobierno represivo y corrupto de mitad del siglo XX en México, contra el que luchó y con el que también trató de aliarse, le daba por tergiversar la historia. Y es que en su vida solía toparse con los intereses de hombres poderosos, bien capaces de influir en las narrativas oficiales. Y es que cometió errores que cualquiera querría tratar de matizar o de ocultar. Y es que era común en los hombres de su época —y en varios de la nuestra,

Los recuerdos del porvenir, p. 15.

todavía— descalificar y negar los testimonios de las mujeres, en particular sus denuncias de violencia.

Sucede que le agarré cariño a Elena Garro. Habrá que tomar este libro entero con un grano de sal, porque la quiero, aunque nunca la conocí. La quiero en los pedacitos de ella que hay por aquí y por allá, en sus verdades y en sus mentiras, porque no hay espacio para la indiferencia ante la enorme personalidad de esta mujer valiente, vanidosa, carismática, egocéntrica, brillante, y tanto, tanto más. La quiero, sobre todo, porque nos dio *La semana de colores*, *Los recuerdos del porvenir*, *Memorias de España 1937*, *Un hogar sólido* y muchísimas otras historias, algunas de las mejores que se han escrito desde y sobre el suelo mexicano. Desde y sobre el suelo. Historias que denuncian la violencia contra las mujeres, que retratan la mente infantil con un entendimiento asombroso, que muestran sin tapujos la perversión del gobierno, el racismo, el clasismo, y la lucha y resistencia de los pueblos indígenas. Historias fantásticas (hasta las más realistas) en donde el tiempo es siempre el verdadero protagonista.

Siete mujeres

A los quince años de Elena, su padre la envió a estudiar a la Ciudad de México. Se matriculó en la Escuela Nacional Preparatoria, donde en ese entonces estudiaban tres mil hombres y siete mujeres. Elena vivía con opulencia en casa de su tía Amalia Navarro, esposa del senador (y, a decir de los rumores, un ladrón de cuello blanco) Lamberto Hernández. Ahí recibió, junto con sus primas, clases particulares de ballet con el maestro Hipólito Sybine, discípulo de la legendaria bailarina rusa Anna Pávlova. Su prima Amalia se convertiría de adulta en coreógrafa, bailarina profesional y fundadora del Ballet Folklórico de México.

Elena Garro, la pérdida del reino, p. 11.

El nombre

A Elena Garro le fascinaba su nombre: «¡tan bonito!», dice en un poema. Su nombre completo, Elena Delfina, remite a la teosofía de su padre; la fundadora de esa doctrina religiosa de finales del siglo XIX se llamaba Helena Blavatsky. Delfina era una dragona, mitad mujer, mitad serpiente, que custodiaba el Oráculo de Delfos, un lugar donde la divinidad revelaba verdades y profecías. En varios textos, Elena usó su segundo nombre como una especie de pseudónimo, y también algunos diminutivos y apócopes de Elena, como por ejemplo Leli.

Elena Garro cambió la ortografía de su nombre en diferentes circunstancias. Octavio Paz, por ejemplo, dice en sus cartas que cuando Elena se convirtió en Helena comenzó en verdad su relación amorosa. En sus primeros meses juntos escribe un poema de amor con decenas de referencias literarias y etimológicas de su nombre: «¿tu nombre mismo, Helena, dónde si solo somos un poco de ternura en la música?».

Odi et amo, p. 46.

Y en una carta le dice: «Suena muy bien junto a tu nombre la partícula *mía*. Lo mismo que la H: el que tú la tengas —nada más tú, entre todas las Elenas— y que la usemos como una especie de amorosa contraseña, de signo de nosotros, ata con un lazo nuevo, secreto e inefable nuestros —mi— ya atados corazones».

Odi et amo, p. 89.

Años después, su amante, Adolfo Bioy Casares, se referirá a Elena también como Helena en sus muchas cartas de amor.

A la única hija de Elena Garro y Octavio Paz la nombraron Laura Elena Paz Garro, y durante su vida fue llamada y «escrita» Elena, Helena, Helenita, Helen, la Chata, Chatita y, a veces, por su padre, Elynor. Durante mucho tiempo Elena Garro la llamaba Helenita y escribió el nombre de su hija con hache y el suyo sin hache para distinguirlos.

Es una práctica machista común la de referirse a los hombres por el apellido y a las mujeres por el nombre, excluyéndolas de la vida pública. Y sin embargo no me nace llamar a Elena Garro por su apellido. Me suena frío y distante, y yo con su fantasma ya tengo una relación afectuosa. Así que la llamo Elena. Y a Octavio Paz lo llamo Paz, porque es un lindo apellido y porque con él sí, todavía, siento una respetuosa distancia. Para diferenciar a la hija de la madre decidí hacer lo que hacía la propia Elena: escribir el nombre de Helena Paz con hache y el de Elena Garro sin hache. A pesar de esto, hay páginas de este libro que todavía suenan como trabalenguas elénicos.

Marginalia

A la biblioteca Firestone de la Universidad de Princeton se llega por un camino ascendente de piedra, que atraviesa jardines de árboles, flores y pasto verde limón, y desemboca en un patio rodeado de edificios de estilo neogótico. No me puedo quedar a observarlos porque voy tarde a mi cita con mi amiga Cecilia, que muy amablemente ha accedido a ser mi Ariadna en este laberinto. Quedamos en la entrada de la biblioteca y no encuentro ni la biblioteca ni la entrada ni a Cecilia. Doy un par de vueltas, subo y bajo, hasta que hallo el edificio correcto. Cecilia me manda un mensaje donde dice que tuvo que irse al archivo y que ahí me espera. El protocolo para entrar es tan complicado que me asusta: tengo que llamar al señor *Special Collections* (así firma sus correos) para que me deje entrar, subir a tramitar una credencial, bajar tres pisos y dejar mis cosas en un casillero, llevando conmigo solo mi computadora y mi celular. En el archivo tengo que lavarme las manos, dar mis datos, esperar a que me abran, ir con la persona del mostrador para que me asigne un escritorio y decirle cuál de las cajas que previamente seleccioné voy a necesitar ese día. Los archivos de Elena Garro, que aquí llaman los *Elena Garro Papers*, están bien custodiados, de eso no me cabe duda.

Me llevan una caja a la mesa y me lleno de emoción de tener frente a mí esos papeles que Elena tuvo entre sus manos, de ver los telegramas tan cómicos, con sus mayúsculas y frases sucintas, sobres con incontables direcciones, folletos religiosos y recibos telefónicos. En las libretas descubro su caligrafía: garabatos, números de teléfono, cuentas y títulos de libros. La marginalia de una época y de una vida. Despacio, con cuidado de no dañar algo con mis dedos torpes o de cambiar algún documento de lugar, me sumerjo en los *Elena Garro Papers*. Empiezo a familiarizarme con la personalidad de sus trazos, a distinguir su escritura apresurada de la triste y de la dedicada. Es ahí, en esas minucias infraordinarias, en las manchas y los tachones, más que en los grandes secretos y confesiones, donde reside para mí la radical intimidad de esos papeles viejos.

La cara del baile

En 1936 Elena Garro ingresó a la Facultad de Filosofía y Letras de la UNAM. En sus primeros años universitarios estudió letras, latín, inglés y psicología, y se entusiasmó con el ballet y el teatro. Bajo la tutela de Julio Bracho, fue bailarina, actriz y coreógrafa. A los veinte años, trabajó con los grandes nombres de su época: bajo la dirección de Xavier Villaurrutia en la coreografía de *Perséfone*, de André Gide, y bajo la de Rodolfo Usigli en la de *El burgués gentilhombre*, de Molière.

Odi et amo, p. 40.

«¡Isabel! ¿Para quién bailas? ¡Pareces una loca!», le dicen a la protagonista de *Los recuerdos del porvenir* cuando se pone a bailar con su hermano Nicolás y se le ve una sonrisa «encandilada en los labios». Elena escribió *Los recuerdos* décadas después de abandonar la danza. Todavía más adelante, en el exilio en Nueva York, un día soñó que se le aparecía el Baile. «¿No quieres ver la cara del Baile?», le preguntaba el mismo Baile en el sueño. Y ella sí quería, y entonces la veía, y era la cara de un hombre de cabello rojo y cara sonriente, de ojos negros y vestido de Pierrot.

Los recuerdos del porvenir, p. 18.

Testimonios sobre Elena Garro, p. 352.

La cercanía de las tablas

Elena adoraba a los dramaturgos de los Siglos de Oro. En una entrevista dijo que se incorporó al grupo de teatro que dirigía Julio Bracho porque quería estar *Teatro completo,* p. XLIII. cerca de los «creadores de la fantasía» que mejor entendía. Habría querido dedicarse por completo a la actuación, pero estaba convencida de que hablaba muy quedito para hacerlo, y por eso eligió primero el ballet. Su paso por los escenarios resultó efímero. «Un matrimonio temprano me impidió, con decisión férrea, la *Teatro completo,* p. XLIII. cercanía de las tablas». Décadas más tarde, exiliada en España y con graves problemas económicos, se alejó por segunda vez del teatro: ahora no le alcanzaba ni para ser espectadora. «Decidí escribirlo, ya que no po- *Teatro completo,* p. XXXIV. día actuarlo ni vivirlo. Pero no es lo mismo. No, no, no es lo mismo». Elena escribiría dieciséis obras de teatro, que fueron alabadas y aclamadas por la crítica. Se convertiría en un referente, una de las figuras más relevantes de la dramaturgia mexicana. En una entrevista dijo que le resultaba más fácil escribir teatro que narrativa.

En los años noventa, la comunidad del teatro fue la que organizó homenajes en su honor y consiguió traerla de regreso a México. En uno de esos homenajes representaron su obra *La mudanza*, y ahí Elena le dijo a Patricia Vega, en voz baja, «voy a pedir que se prohíba el montaje de mis obras», porque no le gustó nada la puesta en escena.

Lectura múltiple..., p. 265.

Lectura múltiple..., p. 128.

Desaires y noviazgos

En abril de 1935, en una de las muchas fiestas que había en la casa de sus tíos, los Hernández Navarro, Elena conoció a Octavio Paz. A Emmanuel Carballo le contó la escena. Ella iba con su primo Pedro, «parecido a un dios griego», que venía llegando de Estados Unidos y que fue, según Elena, su primer amor, «fulminante, trágico, mudo y duradero». Paz le pidió que bailara con él y ella no quiso, le dijo que no bailaba. Paz le respondió: «La conozco muy bien. Es usted una puritana y ahora viene con el pastor protestante de su parroquia». Elena y el primo se fueron de la fiesta y él solo alcanzó a darle un beso en la mejilla antes de regresarse a Estados Unidos.

Protagonistas..., p. 484.

Ese desaire marca el comienzo de una historia de amor y complicidad, de odio y rivalidad, turbulenta, cambiante, difícil de comprender (por no decir incomprensible).

Después del baile, Paz empezó a cortejarla. Elena se resistía, pero al mismo tiempo le daba esperanzas.

Coqueteaba con otros chicos que le gustaban más que él, pero tampoco lo dejaba ir. Paz también coqueteaba con otras. En el diario de Elena se cuentan varias escenas de enredos; por ejemplo, cuando se le aparecen dos o tres pretendientes al mismo tiempo en su casa. Anota en su diario:

> Tengo remordimiento con el pobrecito Octavio. Además no quiero que me olvide. No quiero que se acostumbre a estar disgustado conmigo y me deje de querer. Soy una egoísta, pero no tanto. Quisiera quererlo mucho, cuando menos tener valor para decírselo, aunque mintiera, y hacerme novia de él, al fin que a una debe bastarle con que la quieran mucho y estimarlos a ellos.

Elena Garro Papers.

En un punto parece que ciertamente le bastó, pero de ese cariño fingido empezó a nacer poco a poco un afecto verdadero.

Fueron novios desde junio de 1935 hasta mayo de 1937. Paz quería casarse de inmediato, pero la familia de Elena —en cierto punto, sus padres dejaron Iguala y se instalaron con sus hijos en la Ciudad de México—, y en particular su padre, se oponía al matrimonio y les impuso un riguroso calendario de visitas supervisadas, so pena de mandar a Elena a un convento. Así que intercambiaban cartas. De esa correspondencia nos quedan, por lo pronto, solo las cartas de Paz, en donde la pasión y el amor se mitifican, se vuelven abstractos y metafóricos. Aunque lo dice casi siempre adornado de retórica y poesía, Paz se desespera con la ambivalencia de Elena y con su resistencia al contacto físico y las relaciones sexuales. Elena era católica y era mujer en los años treinta, cuando el método anticonceptivo más común era el tan falible «ritmo», además de la infalible abstinencia. Las relaciones sexuales implicaban la posibilidad real de un embarazo, y Elena quería seguir estudiando, haciendo teatro y bailando.

En 1937 Paz se unió a unas brigadas marxistas y se fue a Mérida, a trabajar en una escuela para los hijos de los obreros del chicle. Desde allá continuó teorizando su amor, con la distancia cada vez más idealizado, más fantaseado, y también más amenazado por los celos de Paz y las rebeliones de Elena.

Galaxia elénica

Un día, hace dos años, recibí una llamada de María Fernanda Álvarez para proponerme que escribiera este libro sobre Elena Garro. Ella pensaba en algo breve, nada muy exhaustivo.

No me considero una persona impulsiva, pero ahí sí que me fui de boca. Hasta ese momento había leído solo dos libros de Elena Garro y me fascinaban. No sabía nada de su vida, ignoraba que había escrito diecisiete libros, no tenía idea de los líos en los que se había metido y no me imaginaba el lío en que yo me estaba metiendo. A María Fernanda le respondí encantada —embrujada, más bien, pienso ahora— que sí, que estaría feliz de aceptar su propuesta. Calculé unos meses, cuando mucho, para documentarme y lograr ese ensayito biográfico modesto. Pensé que simultáneamente iba a poder seguir los otros proyectos que tenía en puerta o a medio camino. Me equivoqué.

Dos años después, escribo junto a una repisa que parece un altar a Santa Elena Garro, a la que le ofrendo todos los días fotos y post-its con notas, pendientes y dudas. Hace varios meses que abandoné los demás proyectos: ya solo escribo sobre Elena. En mi escritorio y en mi buró se han acumulado las novedades editoriales, los libros que me regalan y los que compro, los que hace mucho que quiero leer pero no leo, porque llevo dos años leyéndola a ella, solo a ella y a sus lectores, sus discípulos, sus feligreses, sus familiares, sus amantes, sus amigos, sus detractores, sus biógrafos, los pacianos empedernidos y los garrianos acérrimos: una galaxia elénica o helénica de libros que odio y de libros que amo. Esto es todavía un ensayito biográfico modesto, pero ha crecido como esos perros mestizos que adoptamos de cachorros, que creemos que serán pequeñitos y resultan enormes e incontrolables.

Muchas veces tuve la fantasía de pedirle a María Fernanda que me dejara cambiar de autora, que me dejara trabajar sobre Josefina Vicens, por ejemplo, que escribió muchos menos libros que Elena y que hizo varias películas que podría haber visto desde la comodidad de mi cama. Una mujer como Josefina Vicens hubiera sido mejor elección, quizás. Y quizás María Fernanda me hubiera dado permiso, pero dicen que el «hubiera» no existe, y cuando se me ocurrió cambiar de autora ya no tenía ningún caso: estaba metida hasta el cuello y encandilada, perdida sin remedio en el universo, en el laberíntico multiverso de Elena Garro.

Los guantes

En las primeras cartas del noviazgo de Elena y Paz aparecen y reaparecen unos guantes de ella que él guarda en su escritorio. Son una promesa, un ancla pequeña para una novia inquieta, una metáfora del tacto, de la mano en matrimonio, un fetiche. Él se niega a devolvérselos, dice que no piensa separarse de ellos nunca jamás, que los guantes son como tener su mano y que quiere casarse con ella: «¿Serás mi esposa? Si es así, seré un genio, un hombre bueno». Los guantes, dice, lo «obsceden [*sic*]», se altera hasta de pensar en ellos y se pone religioso de un cristianismo que poco a poco se le irá quitando: «Reza por mí a Jesús. Que Él nos ilumine y me apacigüe».

Odi et amo, p. 76.

Odi et amo, p. 78.

Así describe Paz su fervor por los mentados guantes: «Tengo tus guantes. Siempre los traigo conmigo, en la bolsa del pecho, con tu retrato y mi cartera. Son una huella de ti, símbolo de que volverás, no de que te fuiste. Guardamos un recuerdo para hacer más viva la ausencia y hacer más visible la convicción de lo irremediable. Tus guantes no son un recuerdo sino una esperanza».

Odi et amo, p. 72.

De esa época hay una foto donde están Elena y Paz sentados sobre el pasto, juntos y viéndose de frente. Detrás de ellos hay dos palmeras que parecen fuegos artificiales. Paz le rodea la espalda con su brazo izquierdo. Elena lo abraza con el derecho y tiene la mano izquierda sobre el pecho de él. Trae puestos sus guantes de gamuza negros. Es la foto donde creo que se ven más enamorados.

Imperativos yucatecos

Las cartas de Paz desde Mérida son tan poéticas como categóricas. Los consejos y las prohibiciones abundan. También las órdenes y los regaños. Y unas y otros van subiendo de tono conforme a él le queda claro que Elena es experta en darle el avión.

Le pide que sea «seria» y «adusta», que le mande el periódico *El Nacional*, que deje de trabajar en el cine «inmediatamente», que conteste a sus preguntas, que no use letra tan grande, que deje de ver a sus maestros Bracho y Usigli, porque le caen mal, que no vaya a los toros y que cumpla «como niña buena». Le manda: «Ahora que recuerdo: no salgas a la calle en pantalones». Eso de los pantalones le molesta especialmente, regresa a ello varias veces. También se empeña en que deje la universidad, el teatro, las juventudes socialistas, el baile y su círculo social. Pasa del tono clerical al regaño de un padre a una niña de cinco años.

Odi et amo, p. 334.

Primero: «Es idiota, pero metodiza tu vida, conságrate a mí, a ti, a tu cultivo interior, que no se rompan

Odi et amo, p. 211.

tus sueños y menos los más caros para mí, los que se refieren a tu perfección femenina. No quiero que salgas en *Hoy*, ni andes en esas estupideces, así en esa feria

Odi et amo, p. 265.

de vanidades, tú sé adusta y honda, como antes».

Y después: «Pero yo, tu papá, te ordeno: que sin excusa y castigada sin besos ni dulces, no abandones la cama sin abrigarte debidamente, no bailes; no salgas mucho; tomes pastillas, te cures y te conviertas en una gente seria que se ama tanto que es capaz de sacrificar una tarde a costa de obtener mil».

Odi et amo, pp. 339, 255 y 99.

Utiliza las mayúsculas para dar énfasis: «TE INDIQUÉ QUE NO SALIERAS y vas a las Juventudes Socialistas, cuando tú sabes que no quiero que vayas a ninguna parte». «No salgas tanto. No pienses más que en mí», le pide. Y la orden que me resulta más antipática: «Deja de ser escolapios. Sé mujer». Se conoce como «escolapios» a una orden religiosa que fundó la primera escuela pública popular gratuita en Europa. Es decir que para Paz lo femenino era lo opuesto del estudio y el saber.

Se enfurece cuando se entera de que Elena sigue trabajando en el cine, en el teatro y en el ballet: «Tus

Odi et amo, p. 335.

padres no tienen perdón. Nadie lo tiene, ni tú. Hay mil empleos, mil ocupaciones. Pero claro, el baile, el malvado baile, y ahora el cine. ¡Eso es el "arte"! ¿No habría otro empleo? ¿Y, en último caso, no había la pobreza?». Le aconseja que deje todas esas tentaciones y le sugiere

Odi et amo, p. 210.

que mejor se dedique a adorarlo: «Desciende a ti misma, a lo mejor de ti y encontrarás una imagen masculina, y no al teatro ni al cine ni al café. Que no traiciones esa imagen, ese destino; que no te dejes dominar por las fuerzas más débiles y falsas de la tierra».

Le ordena su retiro del mundo: «De modo que NO VUELVES A IR A UN SITIO AL QUE NO TIENES NECESIDAD DE IR. Igual a Filosofía. De monja estarás, encerrada y niña de reja, hasta que yo llegue o tú vengas».

Odi et amo, p. 339.

La muerte en pantalones

Hay en las cartas por lo menos ocho amenazas de muerte que solamente ahora podemos considerar retóricas, puesto que sabemos que Paz no la mató:

Odi et amo, p. 206.

«Así estoy. Y con gran rabia y amor por ti, linda mía, con ganas de tenerte y matarte».

Odi et amo, p. 248.

«Tú y todos ustedes, traidores, algún día pagarán esto. Veo tu retrato, tu retrato, y no sé qué hacer, si amarte o matarte».

Odi et amo, p. 248.

«La cólera me ciega, y así te mando la carta. No merezco lo que has hecho, pero tú, quizás no merezcas nada, ni mi cólera, sino un tiro, algo con qué aniquilarte».

Odi et amo, p. 259.

«Entiendo tu situación. Tú no entiendes la mía. Me obedecerás ciegamente, sin tener conciencia o iré a matarte. No seas obstinada».

«Dime si debo seguir esperando tu odio. ¿Estás enferma? Muérete». *Odi et amo*, p. 252.

Odi et amo, p. 336.

«1. Te sales del cine, del teatro, de todo eso.
2. No sales a ninguna parte. Si quieres empleo, hay muchos que no me ponen —y te ponen a ti— en evidencia. Si no te sales iré a matarte. No tienes perdón. Me has hundido. No hay palabras».

«No quiero cartas en que existas fuera de mí, no quiero que vivas sino en mí, porque yo sí he detenido el tiempo y tu imagen y me doy cuenta que la tengo aquí viva, tensa como púa y rosa, como sangre y huesos, y quiero que tú lo detengas y me mates con eso y que te mueras». *Odi et amo*, p. 205.

«La última recomendación: jamás saludes a todos los subhombres que has tratado en el cine o cercanos a él: si, algún día me entero que siquiera los miras, te juro que mataré al que sea y acabará todo. Es algo que no me ha dejado vivir: la rabia». (Al menos en esta la amenazada no es ella, sino todos los demás.) *Odi et amo*, p. 341.

¿Qué le respondía Elena? No sabemos porque no tenemos sus cartas. ¿Por qué no terminaba la relación? ¿Tenía tan metida en la cabeza la idea de obedecer siempre a algún señor? Está claro que muchas veces se escabullía, se desentendía, mentía y hacía lo que se le antojaba. Paz se exasperaba, porque, por más que insistía, Elena se empeñaba en seguir haciendo lo que le gustaba, con quien quería y en pantalones.

¿Qué tanto hay del carácter de Paz, qué tanto de las costumbres y los discursos dominantes de su época, en estas cartas? ¿Qué tanto representan un promedio de lo que los hombres hacían y decían en los años treinta y qué tanto son producto de una singular necesidad de control, una particular inseguridad, un sentimiento de superioridad, una violencia desbordada?

Lectura múltiple..., p. 139.

Sobre estas cartas dijo Elena en una entrevista: «Cuando salía me escribía "te ruego que: a) no hagas tal cosa; b) no digas tal cosa; c) no vayas a tal parte...". Bueno, así por el estilo y cuando terminaba yo la carta decía "¡ay!, ya hice todo lo que me prohibió!". Luego si caía alguna de ellas en sus manos Octavio me decía: "mis cartas son odiosas, ¿verdad?", y yo le respondía: "no, hombre, no te preocupes, son muy educativas"».

Odi et amo, p. 325.

En esas mismas cartas, Paz le contaba a Elena de los avances feministas en la escuela de Mérida en la que trabajaba: «De ahora en adelante comeremos juntos todos. Pero una muchacha propuso que todos lavaran los platos. Algunos reacios se convencieron. Las mujeres y los hombres desempeñan las mismas labores: ellas irán, con ellos, a la huerta a cultivar; ellos plancharán y lavarán, como ellas. Un nuevo concepto, una nueva conciencia alborea, lentamente».

¡Lentamente!

Puros chismes

Pasé meses rascando hasta debajo de las piedras para dar con las cartas que le escribió Elena a Paz. Ha sido peor que la toma de Jojutla por Genovevo de la O, como diría mi abuela y quizás también Elena. Me he topado con puros chismes. Dicen que hasta la muerte de Paz esas cartas existían y que la viuda de Paz le dijo a un señor que solo sobre su cadáver se publicarían. Pero ni sobre su cadáver se han podido publicar, porque Marie José Tramini se murió intestada. Cuentan que el archivo de Paz estuvo mucho tiempo en mal estado, que sufrió incendios, inundaciones, y que ahora lo están restaurando y quizás vaya a dar aquí o allá. Nadie me sabe decir qué fue de esas cartas, si sobrevivieron a los celos, al mal clima y a las riñas institucionales, y si alguna vez vamos a poder leerlas. Acaban de anunciar que, por respeto a los deseos de Marie José Tramini, el archivo de Paz se abrirá para consulta el año 2043. Los odio, a Marie José Tramini, a sus deseos y a las personas que decidieron respetarlos. Si sigo viva, si las cartas están ahí, a los 55 años prometo agregarle un nuevo capítulo a este libro.

Carta de 1936

Existe el registro de una sola carta de Elena a Paz de 1936. Le escribe a las seis de la mañana, tras una ruptura que ella en ese momento considera «irremisiblemente definitiva». Ahí habla de su decepción, de cómo solía pensar: «que un día estaría yo así con algún ser, inmensamente amados, los dos elevados tan alto que tocaríamos el cielo con las manos». Le dice que trató de serle fiel a Dios, de mantenerse casta y escribirle versos, a pesar de estar con Octavio, pero no lo logró, no lo lograron: «bastaba con que unos pantalones o unas enaguas se pusieran delante de nosotros para que adquirieran mayor importancia que tú y que yo». Su conclusión es que: «fracasamos en todos los aspectos».

Cristales de tiempo, p. 39.

Felipe

En sus primeras cartas, Paz (Tavo, Tavucho, como suele firmar) intenta convencer a Elena de que «supere» sus inhibiciones y consienta en tener relaciones sexuales con él, con frases como: «luchan tu adolescencia y la mujer que palpita dentro de ti» o «la abstención es un regreso a la adolescencia». Como el embarazo en esos tiempos sin anticonceptivos era algo medio inevitable, el hipotético hijo de ambos comienza a ser una presencia en las cartas, una fantasía recurrente, un recurso también para desarmar el miedo de Elena. Lo llaman Felipe, asumiendo que sería hombre y probablemente aludiendo a un personaje en *Las penas del joven Werther*. Paz lo llama «amado hijo imposible», «nuestro amor eternizado» y dice que podría salvarlos «de la vulgaridad».

Odi et amo, p. 55.

«Felipe no es ni una recompensa ni una compensación. Es un fruto. ¿Sabes que los hijos del amor son

Odi et amo, p. 107.

muy bellos? Esa es la razón de la belleza de los bastardos, producto de emociones amorosas y no de conveniencias sociales. Felipe ha de ser un hijo del amor, alegre como el amor».

Aparición

Hace unos días, mi difunto bisabuelo paterno, Alfredo Barrera Vásquez, se me apareció en las cartas de Paz a Garro. En 1937, mientras Paz estaba en Mérida, mi bisabuelo dirigía el Museo Arqueológico e Histórico de esa ciudad y pronto se volvieron amigos. Estudiaban, trabajaban y visitaban ruinas juntos. El pasado es un pañuelo.

Epítetos

Durante el noviazgo, las cartas de Paz transfiguran, describen e idealizan a su Elena en mil epítetos. La llama «dulce abismo», «dulce flor de la vida», «paloma mía», «mitad mía», «asturiana de Chihuahua», «la niña que tiene el pelo más hermoso de la tierra», «palma mía, toda la tierra mía», «Caperucita», «rubia insignificante, chiquilla divina», «ignorante niña», «chamaca insolente», «la diosa mía, la mexicana, la guachita mía, mi amor, mi odio, mi conciencia, mi vida», «agua, árbol, verde, color azul, respiración mía», «tierra mía, México mío, tú eres Helena, la diosa hecha de llanto y semen», «adorada, cabellera de pájaros», «mocosa endemoniada y desobediente», «pequeña mamá: eres mi hija y mi amiga».

Odi et amo, p. 286.

En su belleza física, en su gentileza y su sensualidad, Elena es para Paz algo divino, una deidad de la naturaleza, el arquetipo de lo femenino como sacado de algún manual junguiano. En cambio, los epítetos que aluden a su inteligencia, su humor y su voluntad («desobediente», «insolente», «endemoniada») lo hacen más bien de manera cómica y cariñosamente despectiva. Paz le reprocha a Elena su ironía, su humor, su inteligencia, su distancia crítica, es decir, sus mejores herramientas literarias.

Le pide: «No te defiendas de tu ternura y de tu amor: te defiendes con la ironía y con el dolor». Le dice que «la inteligencia es la forma más sutil y honda de la desdicha». Le ruega que deje «ese escepticismo, esa sabiduría que es falsa y absurda». Le explica (le *machoexplica*, diríamos ahora): «Tu ironía, tu temor a lo cursi, tu inteligencia —cierta parte de ti— te defendían de las gentes extrañas, guardaban tu persona, tu soledad amorosa, que esperaba la hora de la entrega».

Odi et amo, pp. 109, 127, 153, 106.

Pero conforme pasan los años, las cartas de Paz se van relajando, van siendo menos solemnes y melodramáticas, más amenas. Si me preguntan, yo diría que el humor lo fue aprendiendo de Elena.

Los embajadores

La biblioteca Firestone de la Universidad de Princeton tiene una enorme cantidad de archivos de escritores latinoamericanos. Ahí coincidimos esta semana varios investigadores y yo: una intrusa. Entramos a los archivos a las nueve de la mañana. Descendemos al sótano, pedimos las cajas, nos apresuramos a leer, transcribir y absorber lo más posible, y salimos a las cuatro de la tarde muertos de hambre y con dolor de cabeza. Nos encontramos afuera de la biblioteca y nos presentamos. ¿Tú por quién vienes?, pregunta uno. Yo, por Alejandra Pizarnik, responde otra. ¿Y tú?, por Virgilio Piñera, dice una tercera. Hay embajadores también de José Donoso, Sergio Pitol y Juan Gelman. Por mi parte, sin metodología ni habilidades paleográficas o de crítica genética, soy una pésima embajadora de Elena Garro. ¿Embajadores?, dice Cecilia, que es la embajadora de Donoso, aquí lo único que somos es chismosos profesionales.

Firme aquí

Según el relato de Elena, la mañana de un 25 de mayo de 1937 se apareció Paz con una bola de amigos, cuando estaba ella llegando a presentar un examen de latín. Sin decirle adónde iban, la condujeron entre todos hasta el registro civil en la plaza de Santo Domingo. Ahí ella, sin entender bien qué hacía, o no sabiendo cómo resistirse o con miedo a resistirse, se casó con Octavio Paz. «Cuando te pregunten en qué año naciste tú dices que en tal año», dice que le dijo Paz, porque ella era menor de edad para casarse. Luego: «El señor empezó a leer un texto y yo dije ay qué texto más feo». Era la epístola de Melchor Ocampo. «Y el señor dijo, póngase de pie que se está casando y ahí me dijo firme aquí y firmé y ya, se acabó».

La cuarta casa.

Elena transforma la historia de su boda en la de un casi rapto. Ella es Europa y Paz es como un toro Zeus que se la lleva con engaños de la universidad (símbolo de su educación, su carrera y su libertad), para capturarla. Pero sabemos que del matrimonio y de sus planes habían hablado bastante en su correspondencia. Se entiende, por las misivas de Paz, que no solo Elena sabía de esos planes, sino que hasta estaba inquieta por asegurarlos y concretarlos. Para casarse, además, tuvieron que presentar juntos una licencia matrimonial y hacerse exámenes médicos. Parece que hasta hubo una cena de celebración con las familias, que organizó su hermana Deva.

Odi et amo, p. 345.

El relato de Elena dice que Paz falsificó su fecha de nacimiento y que el padre de Elena estaba furioso. Paz quiso llevársela esa misma noche a la casa donde vivía con su madre y ella no quiso. Se quedó varios días en su casa familiar y Paz la acusó en la comisaría de abandono de hogar, y así la convenció de irse con él a casa de su madre. Pasaron juntos esa noche de bodas, que Elena describió varias veces como una violación y que Helena Paz narra en sus *Memorias*, según lo que le contaba su madre:

Lectura múltiple..., p. 318.

Memorias, p. 45.

> Él le arrancó la ropa y se desnudó también (mi madre me contó que para ella había sido una escena de pesadilla, y que pensó, la inocente, que mi padre se había vuelto loco), la aventó sobre la cama y como no se le paraba el miembro, entre maldiciones e insultos se masturbó furiosamente. Mi madre apenas entendía lo que ocurría, después le dio fuertes bofetadas a mi madre, le apartó las piernas a puñetazos y la penetró a fuerzas. Mi madre creía que se iba a morir del dolor. La

sábana estaba empapada de sangre; mi padre la arrancó de la cama, abrió la puerta del cuarto, y llamó triunfante a su madre.

—¡Mira!, ¿ves cómo sí era virgen?

Dice que la madre la llamaba «puta teatrera», que la encerraron y no la dejaban ir a ver a sus padres. Según contó en una carta a Gabriela Mora, Elena se escapó, volvió a casa de su familia y entonces Paz la amenazó con deportar a su padre, José Garro, que no tenía nacionalidad mexicana. Con eso la convenció de que regresara con él. Pero de camino Elena se detuvo mucho tiempo en una estación de tranvía, considerando lanzarse a las vías. Un sereno que la vio perturbada la acompañó de vuelta a casa de Paz y ese oscuro episodio, dijo Elena, dio origen a su obra de teatro *Parada San Ángel* (que en una versión anterior se llamaba Parada Empresa).

Memorias, p. XXV.

Café con leche

Protagonistas..., p. 479.

Cuando Elena era niña pensaba: «Yo por lo único por lo que me casaría sería para tomar café con leche. Porque en la casa no nos daban café con leche, nos daban avena. La única razón que encontré siempre para casarme era poder beber café».

Protagonistas..., p. 479.

«Aunque, en verdad», dice más adelante, «nunca pensé en el matrimonio. Tampoco Deva. El mundo ofrecía demasiadas atracciones para encerrarse en una casa ajena con un desconocido. Solo imaginarlo nos producía miedo».

Memorias de España, 1937

Después de la boda, viajaron a Yucatán con sus amigos Octavio Novaro y María Luisa Peñalosa. Luego, en junio, Elena dejó el teatro, el baile y la universidad para irse con Paz a España, al II Congreso Internacional de Escritores para la Defensa de la Cultura. A partir de las notas de sus diarios, Elena escribió entre 1978 y 1979 un libro que se habría de publicar hasta 1992: *Memorias de España 1937*, uno de sus libros más carismáticos y entrañables, una «antimemoria», como lo llamó alguna vez Margo Glantz.

«Yo nunca había oído hablar de Karl Marx» es la frase que abre el libro, la historia de una joven desplazada de su contexto universitario, que se encuentra súbitamente entre un grupo de famosos intelectuales comunistas y en medio de la Guerra civil española. La Elena de carne y hueso en 1937 sí que había oído hablar de Marx, y hasta por los codos seguramente: había asistido a las juventudes socialistas, era simpatizante de Trotsky y tenía un esposo comunista. Pero así es como empieza la Elena escritora de 1978 a relatar las aventuras y desventuras de esta joven personaje, con su mirada del futuro y desplegando en toda su gloria su genial sentido del humor.

La protagonista, la joven Elena a la que los señores de la izquierda suelen describir como una burguesita linda, impertinente y tierna, no entiende mucho del contexto político de la guerra, la persecución de los agentes de Stalin contra anarquistas y trotskistas, las luchas internas entre los republicanos y otras tensiones y revolturas del álgido momento histórico. Mete la pata a cada rato: está varias veces al borde de la muerte en medio de los bombardeos y un grupo de agentes encubiertos estalinistas cree de pronto que es una espía y casi la arresta. El personaje de Paz aparece desesperado con ella siempre, regañándola y tratando de llevársela con su familia española, para que no dé tanta lata.

Entre tanto, Elena observa a los intelectuales y hace retratos tremendos, conmovedores y cómicos de algunas de las personalidades más destacadas de su época. Rafael Alberti, Carlos Pellicer, José Mancisidor, Silvestre Revueltas, Juan de la Cabada, Fernando Gamboa, María Luisa Vera, Pablo Neruda, Antonio Machado, Miguel Hernández, Lupe Marín, Alejo Carpentier, Nicolás Guillén, María Zambrano, León Felipe, Luis Cernuda, Tina Modotti y César Vallejo son algunas de las celebridades que desfilan por este libro en donde se habla, por ejemplo, de la cerilla que Neruda llevaba siempre en las orejas y de la dipsomanía de Silvestre Revueltas, pero también del hambre de Vallejo y de la madre de Antonio Machado, que para Garro es metáfora encarnada de una España que desfallece: «Si alguna imagen me quedó de España fue la imagen de la madre de Machado, de pie en aquel comedor por el que zumbaban moscas».

Memorias de España 1937, posición 1180 de 1629.

Elena habla de sus afinidades y desencantos con el comunismo y habla también de la guerra. Observa y padece en carne propia el hambre, la destrucción y la angustia: «Ninguna ideología valía la pena de aquellos sufrimientos», dice.

Memorias de España 1937, posición 1113 de 1629.

En 1938 regresaron a México y en su nuevo hogar la esperaba su suegra, con una canasta de calcetines para zurcir.

Elena Garro Papers, relato inédito.

Fayuca

Estoy hojeando un libro de fotografías de Octavio Paz y me encuentro una foto de 1937, el mismo año en que conoció a mi bisabuelo Alfredo Barrera Vásquez, el padre de mi abuelo paterno. La foto fue tomada en La Habana y en ella aparecen Elena Garro y Octavio Paz cenando con mis otros bisabuelos, los padres de mi abuela paterna, Isabel Bassols Batalla. Ahí me entero de que a ese Congreso de Intelectuales Antifascistas acudieron también esos bisabuelos míos. Narciso Bassols, mi bisabuelo, era diplomático, y Clementina Batalla, mi bisabuela, la segunda mujer en recibirse de abogada en México. La historia de Clementina —que nació en 1894— tiene algunas semejanzas con la de Elena Garro: también era una joven brillante y estudiosa que dejó de lado su carrera mucho tiempo cuando se casó. Mi bisabuelo era comunista y dicen que le contaba a mi bisabuela hasta los chícharos, y que la hizo regalar sus propiedades. También le prohibió ejercer su profesión. Cuando murió mi bisabuelo, Clementina retomó su carrera y su militancia feminista. Entre otras cosas, Clementina me recuerda a Elena Garro porque en un punto de sus vidas, para sobrevivir, las dos vendieron fayuca.

Numerología

86 casas.
20 años casada con Octavio Paz.
Una hija (dos Elenas).
3 tulipanes amarillos.
91 cartas, más de 13 telegramas y 3 tarjetas postales
de Bioy Casares.
6 baúles.
1968.
20 años en el exilio.
17 libros.
Más de 30 gatos.
14 cajas de cartón amarillas.
Un hogar sólido.

Capa y espada

Una famosa escritora me dijo sobre la relación entre Elena y Paz: «en eso mejor no te metas». No sé si fue una advertencia o un consejo, porque la escritora tiene una sonrisa de Monalisa que no logro descifrar. Con el inequívoco sonsonete del chisme, un amigo me contó que una amiga suya escribió un perfil de Elena Garro y la amenazaron por hablar mal de Paz. Luego su amiga me dijo que eso no era cierto, que nadie la había amenazado, pero que igual me anduviera con cuidado. Otra amiga me dijo que a un amigo suyo lo amenazaron por hablar mal de Paz y luego ella misma me confirmó que no, que no fue de Paz, sino de Carlos Fuentes.

Parece que la paranoia que sufrió Elena sigue rondándola después de su muerte. Las intrigas son más un teléfono descompuesto que otra cosa, pero es real que alrededor de esos dos muertos se encienden pasiones, que los circunda un aura de peligro, de lo intocable. A mí todo esto me daba risa, hasta que me vi a mí misma poniéndome también en ese plan, defendiendo a Elena Garro a capa y espada, como si la conociera, como si fuera un asunto personal. Desde entonces, yo también tengo miedo.

Ismos

La ideología de Garro fue cambiando con el tiempo y cambiaba también según qué personaje estaba interpretando ante la prensa, ante la escritura o ante sí misma. De su famoso anticomunismo habló muchas veces. Aunque sabemos que asistió a las juventudes socialistas y que fue en un punto simpatizante de Trotsky, dijo que se tardó mucho tiempo en estudiar de verdad a Marx, que opinó durante décadas desde la ignorancia. La joven Garro de *Memorias de España* pregunta si el *Manifiesto comunista* es como el «Discurso de la Edad de Oro» de Cervantes, y cuando le responden que sí dice que con esa comparación le basta para entenderlo.

Luego de varios meses conviviendo con los intelectuales en España, la protagonista opina que: «Los comunistas tenían razón: unos eran demasiado ricos y otros demasiado pobres, y esto se daba hasta entre los propios comunistas».

Dice que a Marx lo leyó varios años después:

Memorias de España 1937, posición 961 de 1629.

No lo leí nunca. Ni leí nada marxista hasta que el dichoso procurador de la República, Sánchez Vargas, me acusó de ser «uno de los jefes del complot comunista para derrocar las instituciones del Gobierno». En 1970 le dije a Helenita Paz: «Voy a leer el *Manifiesto comunista*». Después de leerlo vi que el término *comunista* se aplica con mucha frivolidad. Además el *Manifiesto* no se parece en nada al «Discurso sobre la Edad de Oro» de Cervantes. Decidí leer a todos los marxistas y no solo a ellos, sino a sus antecesores, a sus contemporáneos, a sus discípulos y a sus opositores. Saqué alrededor de 2700 fichas y compré ficheros para ser metódica. Pero ya era tarde..., más tarde de lo que pensaba. También descubrí que los marxistas no han leído a Marx ni a los marxistas. ¡Somos muy pocos los que hemos cumplido con esa tarea!

Testimonios sobre Elena Garro, p. 154.

Odiaba a Lenin, pero solía caerle bien Trotsky. Fue a su entierro y lo defendió ante otros intelectuales: «Les dije: Yo estaba con Trotsky. "No tienes moral", me reclamó María Izquierdo. Su marido chileno Uribe y demás borrachos sentados en el suelo siguieron festejando el crimen». Aunque tiempo después lo criticó fuertemente, en los diarios del exilio, donde pasó mucho tiempo leyendo sobre la Revolución rusa.

Sus personajes dicen cosas como que en el comunismo no son posibles los creadores, que el comunismo instaurado ha justificado el crimen de masas, que la monarquía es la única forma de ser trascendente porque: «Los reyes llegan al poder en estado de inocencia y son responsables de nosotros ante la Iglesia y ante Dios. Los presidentes llegan manchados de sangre, gozan de un poder que empieza y termina con ellos. ¡Un poder ilimitado!».

Testimonios sobre Mariana, p. 233.

Tampoco le gustaba el capitalismo contemporáneo, que ella consideraba una despreciable «lucha de tiburones por el dinero».

Elena Garro, la pérdida del reino, p. 37.

Cuando se alió con el político Carlos Madrazo dijo que, a falta de una monarquía, creía en la democracia. Creyó, eso sí siempre, en la Revolución mexicana, en el reparto agrario por el que luchó, al lado de los campesinos de Ahuatepec, en Morelos.

Tabaquismo

Memorias, p. 22.

Helena Paz contaba que su madre había empezado a fumar cuando se casó y llegó a vivir con su suegra. En muchas de sus fotografías aparece fumando. Fumaba cigarros mentolados, dos cajetillas diarias hacia el final de su vida. Varias de las peripecias que vivió en España, en 1937, se debieron a su necesidad de conseguir cigarros en medio de la escasez de la guerra. Iba a comprarlos a escondidas de Octavio Paz y cuando los conseguía los compartía entre los soldados. Ese gesto hizo que la creyeran espía y que casi la detuvieran. También repartía cigarros entre un grupo de soldados alemanes que hacían trabajos forzados en Bidart, en Francia, durante unas vacaciones que tomó con su hija en 1946. Su amistad con los soldados estaba mal vista por los lugareños, pero a ella no le importaba. Un día, Helena —de siete años— estaba dormida en un lugar peligroso de la playa, que se volvió inaccesible porque había subido la marea, y los soldados se metieron al mar para llegar hasta ella y rescatarla. Esos recuerdos inspiraron una novela corta —y para mí entrañable—: *Primer amor.*

José Bianco Papers.

El año de 1948, en París, le detectaron a Elena un soplo en el corazón y escribió: «Cómo no voy a tener un soplo. Tendré miles, pues fumo como una chimenea».

Por el contrario, en su diario del exilio, el 4 de junio de 1978, escribió en inglés (escribía en ese idioma por paranoia): «No money for cigarettes, for nothing».

Testimonios sobre Elena Garro, p. 442.

Varias fotografías la retratan fumando y leyendo libros y periódicos (en alguno de sus libros dice que nunca leía los periódicos, pero en sus diarios queda claro que los leía todos los días). En otras, aparece fumando mientras platica con alguien. Ya de anciana tuvo enfisema pulmonar y varias personas la recuerdan intercalando fumadas de sus cigarros con ansiosas aspiraciones del tanque de oxígeno.

Otras personas

Lectura múltiple, p. 297.

Laura Elena Paz Garro nació el 12 de diciembre de 1939. Elena dijo alguna vez que ese fue el día más feliz de su vida, cuando vio que su hija había nacido entera «porque tenía mucho miedo que saliera sin dedos». El nacimiento de Helena Paz, la elección de su nombre (que a pesar de llamarse en primer lugar Laura la conocieran siempre como Elena), dio inicio a la vida de espejos, dobles y desdoblamientos que es toda maternidad, aunque esta lo es un poco más todavía. Helena Paz sería la compañera de vida de Elena Garro y su compañera de tumba también. Le resultaría difícil recordar la vida antes de ella. Vivirían juntas hasta la muerte de la madre y su relación se iría deteriorando cada vez más. Varias personas cuentan que, al final, cuando Elena Garro era una anciana y Helena Paz dependía de los barbitúricos y del alcohol, se las veía pelearse y escalar las peleas hasta los golpes y el lanzamiento de objetos pesados.

Una frase se repite en varias de las obras de Elena: «los hijos son otras personas». En *Los recuerdos del porvenir*, el personaje de Ana Moncada acostumbra decir: «"los hijos son otras personas", asombrada de que sus hijos no fueran ella misma». Repite la frase para convencerse de que, aunque alguna vez vivieron dentro de ella, *fueron* ella, ya no lo son. Esta idea se reitera por contraposición a la opuesta, la del doble, que está presente en tantas de sus historias, como en ese pasaje de *Testimonios sobre Mariana* donde dice: «Esa noche, contemplando a la madre y a la hija, tuve la extraña sensación de que las dos eran la misma y que una de ellas había inventado a la "otra" para hacernos creer que gozaba de alguna compañía». Un domingo 22 de junio de 1980, Elena observa a Helena dormir y escribe los siguientes versos:

Recuerdos del porvenir, p. 38.

Testimonios sobre Mariana, p. 129.

«Ella es mi espejo,
yo soy su espejo
y no existe nada más,
solo el hambre que ronda
los muebles alquilados,
guardados por las cuatro paredes alquiladas».

Cristales de tiempo, p. 216.

Mujeres perdidas

El asesinato de Elena Garro, pp. 65-68.

En 1941 Elena empezó a escribir artículos periodísticos para la revista *Así*. Hizo una serie de entrevistas a mujeres: Lolita González de Reachi, Isabella Corona y Frida Kahlo. Escribió además dos artículos llamados «Mujeres perdidas» I y II, sobre un reformatorio de mujeres para menores de edad. Para escribir estos últimos se hizo apresar y vivió algunos días en el reformatorio. Después describió la vida diaria, los baños de agua helada, los chismes, las intrigas, los castigos y las torturas. Las denuncias de sus artículos lograron que despidieran a la directora del plantel.

Sin room service

Me hospedo en un hotel barato (a comparación de los otros de la zona, por lo menos) a las afueras de Princeton. «Te hubieras quedado con los curas, hay una diócesis donde rentan unos cuartos a muy buen precio», me dice el embajador de Pitol.

Mi cuarto de hotel es horrible. No le da una gota de luz, tiene unas cortinas oscuras, como telón de ópera, y la vista de la única ventana da a un espantoso estacionamiento. Pero vine a escribir sobre Elena Garro, que pasó buena parte de su vida en cuartos de hoteles, y no se me ocurre un lugar más adecuado.

Pederastia

A la vuelta de España, Elena y Paz se mudaron un tiempo a la calle de Saltillo 117, junto con la familia Guerrero, y Helena Paz vivió mientras tanto con su abuela paterna.

Memorias, pp. 12-13.

En una carta de Elena Garro y en las *Memorias* de Helena Paz se cuenta una historia terrorífica de esa época. Cuando Helenita tenía cuatro años, José Delgado, el padrastro de Octavio Paz, la violó y le contagió gonorrea. El padrastro, dijeron las Elenas, había violado también a Mercedes Lozano, una prima de Paz. En una carta del 9 de septiembre, dirigida a Gabriela Mora, dice Elena que un primo de Octavio Paz, Guillermo Haro y Paz, ratificó la infección, y que el pediatra Adrián Buckardt curó a la niña. Helena Paz cuenta que cuando el doctor Buckardt decretó que había sido violada estaban reunidas la familia de Elena y la de Paz, y su abuelo José Antonio Garro dijo que ningún hombre saldría de esa casa sin hacerse la prueba de gonorrea. Entonces José Delgado dijo que él tenía esa enfermedad desde hacía años (no sabía que ya existía una cura). Sesenta y cinco años después, Helena Paz seguía recordando el consultorio donde le cauterizaron los genitales con hierros ardientes, y decía que, cuando se curó, su padre la volvió a llevar a vivir a la casa de su abuela, donde la volvieron a violar.

Diarios

Aunque hay muchos años de los que no queda registro, existen diarios de Elena Garro desde su adolescencia hasta su vejez. Diarios en libretas azules, pequeñas y grandes, diarios con algunas hojas arrancadas, diarios pasados en limpio, diarios maltrechos, diarios abandonados, diarios enteros. En la entrada del viernes 25 de junio de 1976, escribe: «Reñí con H. porque no escribe su diario. Yo escribo lo que no es importante. Tomo notas, solo para tener una indicación y alguna vez decir la verdad».

Testimonios sobre Elena Garro, p. 415.

Alta costura

La familia llegó a Berkeley en 1943. Octavio Paz se fue con la beca Guggenheim y luego tuvo pequeños trabajos académicos y diplomáticos. Estrella, la hermana de Elena, estaba viviendo con ellos porque tenía tuberculosis, eso le afectó los ojos, y no les alcanzaba el dinero para pagar sus tratamientos. Elena trabajó de «criada» en Berkeley, en varias casas, porque Paz no quería darle dinero y tampoco la dejaba estudiar en la universidad.

Memorias, p. 29.

Después de un tiempo en Berkeley, Elena se fue a México a vender fayuca y a buscar trabajo.

Lectura múltiple..., p. 320.

Pienso que quizás disfrutaba escoger la ropa en Estados Unidos y venderla después en México (¿dónde?, ¿entre sus amigas y familiares? En puestos de mercado, lo dudo. ¿Aunque quizás?).

A Elena le encantaba la ropa. La describen comprando atuendos carísimos, Chanel y Dior, y abrigos de piel de pantera y de antílope. Dijo que los diseñadores le prestaban ropa porque se le veía muy bien, que Christian Dior quiso darle trabajo de modelo (Helena

Memorias, p. 138.

Paz recordó en sus *Memorias* cuando Dior fue a verla a su casa y dijo «es bellísima, es exactamente el tipo que me conviene») y Paz se lo prohibió, «armó un escándalo terrible». Incluso años después, cuando estaban en la miseria, ella y su hija se gastaban sus pocos ingresos en ropa de lujo.

Lectura múltiple..., p. 322.

En sus fotografías aparece consciente de su propia imagen, de sus piernas largas y su figura esbelta. Varias de sus protagonistas se parecen físicamente a ella y la narración suele insistir en su belleza, aunque para con los demás Elena muchas veces pasaba por ser modesta. Carballo le reprocha que su personaje de Mariana está basado en ella y es demasiado guapa, y Elena le responde: «Es natural que quisiera darle algún glamour (recuerda que soy pequeñoburguesa), no podía ponerla tan fea como la autora, pues el caso Mariana se vendría abajo. En literatura se permite todo».

Protagonistas..., p. 496.

El ganso perdido

Existe la correspondencia de cuando Elena estaba en México y Paz en Berkeley, y ahí Paz es mucho más tierno, más divertido e irreverente: «Pues me siento, sin ti y sin la niña, como en una atmósfera extraña, pez fuera del agua, salvaje en la ciudad», les dice. Está también mucho menos enamorado. Se abocó a cuidar a Estrella mientras estaba internada en el sanatorio. En las cartas le manda a Elena recuentos pormenorizados del estado de salud y de ánimo de su hermana, y cuenta cómo trata de hacerla reír. Escribe también cartas dirigidas a las dos Elenas, sobre la niebla en San Francisco, sobre el ganso perdido de la vecina y sobre su aburrido trabajo. Escribe en un pésimo inglés, a propósito, para hacerlas reír.

Odi et amo, p. 76.

Paz se lee medio resignado, fastidiado y sin ganas de hablar de asuntos amorosos. Escribe que prefiere hablar de dinero, y lo suele hacer: sobre las cuentas, sobre las deudas, sobre «los negocios»:

Odi et amo, p. 426.

> Pero todo eso es el pasado y no quisiera volver a él, y menos en una carta, fatalmente de negocios, porque los negocios son lo único concreto, lo único que no duele y lo único que tiene principio y, gracias a Dios, fin. Lo nuestro no tiene principio ni fin. Es un estado de ánimo, más que una situación. Podemos hablar hasta el día del Juicio y nunca podremos desembrollar la madeja.

Sus cartas son menos imperativas. Paz dice estar contento de que Elena trabaje, de que le vaya bien, que salga, disfrute y esté feliz. Él por su parte está teniendo romances de los que no le cuenta a Elena, pero le insinúa que no le importaría si ella hiciera lo mismo. Eso, a Elena, la ofende profundamente y en su diario cuenta que al leer una carta en particular, aventó una crema carísima al espejo. La carta dice:

Odi et amo, p. 415.

> Me parece imposible que nadie te enamore y no vale la pena que nos engañemos mutuamente; ¿no es el argumento [de un guion que le pidió a Elena para moverlo entre personalidades del cine] un juego de enamorados; no estás allí tú, el argentino [no sabemos de qué argentino habla, pero no se refiere a sus amigos de más tarde, Bioy Casares y José Bianco], el psiquiatra, etc.? Tú no tienes la culpa de ser adorable, ni de estar lejos de mí; y tampoco la tienes completamente si nunca has sido feliz conmigo.

En otra carta, le sugiere una separación:

> Me dolería menos que me dijeras que te habías enamorado de alguien, porque lo que me duele es que me digas que te sientes náufraga y sin nada a qué asirte. Yo no sé si es amor lo que te tengo, pero tú —y la niña, que ahora se impone diariamente en mis pensamientos— son los únicos seres que me desvelan y me angustian… Quizá no tenga remedio nada; quizá vivir separados sea lo mejor.

Odi et amo, p. 417.

Quién sabe si la ama menos o si todavía la ama; lo que sí es que la trata mejor y hasta la apoya en su trabajo y en su carrera:

> En términos generales creo que has encontrado tu camino: te veo entusiasmada, rabiosa, alegre, con amor a tu trabajo y con una visión distinta de las cosas. Eso es lo que yo quería, lo que he querido siempre: que utilices en algo —y no en destruirte y destruir— tu talento, tu encanto, tu capacidad… Y no renuncies por nada de este mundo a esa carrera: llegarás lejos.

Odi et amo, p. 426.

Método de escritura

Es probable que haya sido con las monjas teresianas, en su infancia, por esa misma época en que se interesaba por el revés de las telas, que Elena aprendió a bordar. «Cuando iba de paseo, para evitar que yo cometiera destrozos, me ordenaba [su tía]: "Bordas cuatro rosas" en el mantel que hacía en la clase de labores manuales. Yo bordaba bien, pero cuatro rosas eran muchas rosas y me privaba de la libertad de jugar a las canicas o ejercitar la honda. Le enseñé a bordar a mi primo Poncho y entre los dos terminábamos rápidamente la tarea».

Protagonistas..., p. 483.

Su amor por el bordado y los textiles estaba ligado a su método de escritura. En una entrevista con Roberto Páramo dice: «Mi método de escribir es coser, cada vez que voy a escribir algo me pongo a bordar. A cada puntada que doy es como si escribiera una palabra, y conforme sigo la guía, la guirnalda o la margarita, voy construyendo la trama, la escena o la situación». «Si no bordara», dice, «no podría escribir».

Diálogos con Elena Garro, p. 217.

Muchos personajes de sus obras aparecen bordando. En *Los recuerdos del porvenir*, por ejemplo, vemos a Ana Moncada varias veces con aguja y bastidor en mano. Ana Moncada dice que tiene nostalgia de las catástrofes: «¡Si tuviéramos un buen temblor de tierra!», y clava con ira su aguja en la tela. En los años cuarenta, Elena escribió en su diario que Octavio Paz no la dejaba bordar: «No debo bordar. Me lo prohíbe. Si llega, escondo el aro y el bordado».

Testimonios sobre Elena Garro, p. 168.

¿Dónde leí que las cortinas en alguna de sus casas las había bordado enteras ella misma?

Soñar en cabeza ajena

He soñado varias veces con Elena Garro y de casi todos esos sueños me quedan imágenes inconclusas y breves: Elena Garro de pie con un traje sastre café, su imagen borrosa; Elena Garro y Bioy Casares riéndose de algo terrible y Octavio Paz preocupado. Una vez soñé que Elena entraba en una espiral de gusanos de tiempo y espacio que la llevaban desde Los Ángeles hasta San Francisco. Otro día soñé que Elena y Helenita eran al mismo tiempo Lorelai y Rory, las protagonistas de la serie *Gilmore Girls*.

Me encanta esa obra de teatro de Elena que se llama *Benito Fernández*, sobre un puesto de mercado en donde se venden cabezas. Ahí es posible comprar cabezas antiguas, quitarse la propia cabeza y ponerse la de un muerto. Las cabezas vienen con todo y memoria, y hay una, la de la señorita Ulloa, que soñaba mucho: «con estanques, con lagos, con violines, con veleros y hasta con cisnes». Cada uno de sus sueños se convierte en un cabello y al ponerse la cabeza el comprador

Teatro completo, p. 247.

puede habitarlos. «¿No quiere usted conocer los sueños de los muertos?», le pregunta el vendedor a un cliente potencial. «Son los verdaderos sueños y le ayudarán a conocer los suyos», insiste.

Teatro completo, p. 247.

Que hubiera un puesto como ese en la Lagunilla donde vendieran la cabeza de Elena Garro. No para comprarla, pero sí para rentarla un ratito. Solo un ratito, porque debe pesar mucho ponerse una cabeza así, debe dar tortícolis de inmediato, migraña y quién sabe qué más. Yo aguantaría unos minutos, un par de horas cuando mucho, pero sí quisiera que me la rentaran, con todo y su cabellera rubia de sueños y de pesadillas. «Mis sueños siempre me aconsejan, y aunque la familia nunca lo creyó, siempre sucedieron», dice la protagonista de *Sócrates y los gatos*.

Teatro completo, p. 308.

Fragmentos de Nueva York

Después de un tiempo en México, Elena quiso volver a San Francisco, pero (dice en su diario) Paz le pidió que no volviera, porque no les alcanzaba el dinero.

En 1945 se fue a Nueva York para trabajar y seguir pagando el hospital de su hermana, que estuvo siete años internada. Se fue, según su diario, en contra de los deseos de Paz. Allá encontró trabajo como editora en el periódico *Hemisferio*, que publicaba el American Jewish Committee. Vivía en el hotel Santa Lucía, en Bank Street, con una mujer llamada Ana Carner. Mientras tanto, Octavio Paz daba clases en Vermont, en el Middlebury College, y era amante de la chilena Carmen Figueroa.

Elena tuvo que dejar su trabajo en Nueva York porque Paz y Ramón Araquistáin, un amigo de Paz y amante de Elena, al que llamaban Finki, le insistieron en que se fuera a Vermont. Pero casi al momento en que llegó, Paz la echó de nuevo y tuvo que volver a Nueva York, con siete dólares en la bolsa, y suplicar que le devolvieran su trabajo. Luego Paz se fue a Nueva York, donde se hospedó aparte de Elena.

Había grandes tensiones entre los dos porque Paz no quería que su hija, que seguía en México, los alcanzara en Nueva York. Después de un «pleito feroz», Paz concedió el viaje de Helena Paz a Nueva York. Los fragmentos que quedan de sus diarios de esa época dicen: «Octavio no da el divorcio... Se echó a reír... "me quieres dar celos"... "Estoy embarazada"... Ahora busco alguien para abortar... No lo quiero. Me repugna Finki».

Testimonios sobre Elena Garro, p. 157.

Testimonios sobre Elena Garro, p. 157.

En sus *Memorias*, Helena cuenta que Finki había sido un amante muy tierno con Elena, pero que cuando quedó embarazada le dijo: «Mira que a mí no me vas a amarrar con eso; yo no quiero cargar con un paquete como el tuyo. A ver cómo te sacas eso del vientre».

Memorias, p. 46.

El malestar va creciendo en las entradas del diario: «Pensé que me estoy volviendo loca de angustia... yo seguiré trabajando con los judíos por un sueldo miserable, ¿y quién cuidará a la niña? Volver con Octavio me da pavor». Pero al final volvieron, y Elena y su hija se fueron a París con él.

Feminismo o algo así

Lectura múltiple..., p. 51.

Lectura múltiple..., p. 201.

Elena no se consideraba feminista: «El día en que manejemos ideas propias entonces seré feminista, pero mientras manejemos intelecto masculino, no soy feminista», dijo en una entrevista con Verónica Beucker, aunque en otras entrevistas utiliza la palabra *feminista* con más familiaridad, como en una de 1994, con Reynol Pérez Vázquez, cuando dijo que Cristo era feminista, porque primero se dejó ver por las mujeres y luego protegió y amparó a María Magdalena.

Diálogos con Elena Garro, p. 961.

Como era la reina de las paradojas, a pesar de haber ella misma abortado más de una vez, en una entrevista dijo que estaba en contra del aborto, porque consideraba que el feto también tenía derechos.

Si hablamos de teoría, está claro que el pensamiento de Elena no venía del feminismo. Sin embargo, su obra está llena de denuncias de la violencia contra las mujeres, de protestas y críticas en contra de los abusos machistas. Hay una intuición en sus obras, una perspectiva que yo solo sé llamar *feminista*.

Varios de sus libros exponen la violencia física contra las mujeres. Los mejores ejemplos de esto son quizás sus obras de teatro *Los perros* y *El rastro*. *Los perros* cuenta la violación cíclica y sistemática de las mujeres de una familia: «Entonces se compró una pistola y con ella me golpeaba, y bañada en sangre me ocupaba. ¡Así me halló mi mamá! Siete años duró su búsqueda, pues nadie le daba razón de mi paradero». Es tal la magnitud de las agresiones en esta historia que a las mujeres lo único que les queda es una desgarradora resignación: «Ni lloramos, nada más nos quedamos mirando, mientras tristes pensamientos se nos iban y venían. ¡Así será la suerte de la mujer, por estas tierras de Dios!».

Teatro completo, p. 174.

Teatro completo, p. 175.

El rastro narra el feminicidio de una mujer embarazada y el aprendizaje de la violencia, una maldición que se repite de generación en generación. «Cierren los ojos para que no contemplen la ingrata suerte de Adrián Barajas, aquí, sentado, igualito a su padre, que le clavaba espinas en las corvas y hacía que su madre se tragara su propia sangre»; no hay censura en esta obra, la violencia se describe cruda, explícita y devastadora.

Teatro completo, p. 271.

En otras ocasiones, sus textos protestan contra la censura, la falta de libertad de expresión de las mujeres. Por ejemplo, en *Los recuerdos del porvenir*: «Recordaba a su padre y a su abuelo hablando sobre lo insoportables que eran las mujeres habladoras [...] "¡Chist! ¡Cállate, recuerda que en boca cerrada no entra mosca!" Y Conchita se quedaba de este lado de la

Los recuerdos del porvenir, p. 186.

frase sola y atontada, mientras su abuelo y su padre volvían a hablar interminables horas sobre la inferioridad de la mujer».

Critica en repetidas ocasiones los estereotipos que desacreditan la inteligencia de las mujeres. Por ejemplo, en *Sócrates y los gatos* le dice su padre a la protagonista: «¡Qué lástima que seas inteligente! Me das tanta pena, que podría llorar toda la eternidad. Las mujeres deben ser tontas... ¿No te lo había dicho? No. Siempre se me olvida avisarte que seas tonta...».

Teatro completo, p. 336.

Aparece también en varios pasajes la idea de que la institución del matrimonio despoja a las mujeres de su humanidad y de su identidad. En *Los recuerdos del porvenir* dice la protagonista: «Le humillaba la idea de que el único futuro para las mujeres fuera el matrimonio. Hablar del matrimonio como de una solución la dejaba reducida a una mercancía a la que había que dar salida a cualquier precio».

Los recuerdos del porvenir, p. 29.

En una entrevista con Rafael Luviano y Ricardo Pacheco, de 1991, dice Garro que las mujeres somos traidoras porque «tenemos que vivir de acuerdo con las ideas o la férula de un señor», y luego explica la importancia que para ella tenía la fuerza de voluntad para romper con las estructuras que las oprimen: «La mujer ha estado sometida, cierto, pero depende en gran parte de ella, porque si no le da la gana, no la somete nadie. Yo soy muy independiente, hay que tirar la casa por la ventana. Pero si te fijas, te cuesta mucho».

Diálogos con Elena Garro, p. 961.

En cuanto a la escritura de las mujeres, en una carta a Gabriela Mora, Elena cuenta que la invitaron a un congreso para hablar de la «literatura femenina», y opina: «No está mal, ¿verdad? Podría decir: cuando la mujer escribe, muere. Es su sentencia de muerte».

Lectura múltiple..., p. 332.

Nostalgia de las catástrofes

El concepto de «nostalgia de las catástrofes» aparece en su obra por lo menos un par de veces. Se refiere quizás a la angustia de la calma chicha, al sufrimiento de la agresión pasiva y de las guerras frías, militares y personales, peores que las explosiones abiertas y evidentes. Pero también podría tratarse de una especie de síndrome de Estocolmo o de masoquismo, o simplemente de aburrimiento. ¿De cuáles de las muchas catástrofes que vivió sentiría nostalgia Elena?

Los ojos de los animales

El hotel en Princeton es feísimo, pero detrás hay un bosque con árboles que no sé qué son pero parecen liquidámbares o maples. Todo verde. Por la tarde salí de mi cuarto y fui a dar un paseo. En el estacionamiento del hotel todavía quedaba un poco de luz, pero detrás, en el bosque, la sombra de los árboles precipitaba la noche. Brillaban por doquier luciérnagas y ahí mismo, unos metros más atrás, había un arroyo del que estaba bebiendo un gran venado. No me moví para que no se asustara y ella (creo que era hembra porque no tenía cuernos y porque me da la gana creerlo) siguió bebiendo. Traté de acercarme despacio, pero de inmediato escuchó mis pasos y se quedó paralizada, mirándome mirarla. Así estuvimos unos segundos, hasta que huyó. Me da por imaginar que esa venada era Elena Garro. «Los cielos que me esperan están en los ojos de los animales», dice un personaje de *Parada San Ángel*.

Teatro completo, p. 390.

Barba Azul

Cuando las Elenas se fueron a París en 1946, Elena escribió en su diario: «Despedida dramática de mamá. Chata lloró toda la tarde y toda la noche. Anita ayudó a hacer los baúles. Octavio pidió sábanas, jabones, chocolate, café, cigarros, azúcar, todo».

Testimonios sobre Elena Garro, p. 157.

En la cubierta del barco un hombre llamado Jiri Kallab la vio llorando y le preguntó: «¿Su novio se queda en Nueva York?». Ella respondió que no. «¿Su marido?». «No, al contrario, mi marido está en París, voy a encontrarme con él», le dijo y siguió llorando.

Testimonios sobre Elena Garro, p. 157.

Finki llegó a vivir con ellos a París por invitación de Octavio. Ella lo despreciaba: «Finki se empeña en que está enamorado de mí. ¡Me da lástima! Pobre… ¿Cree que le perdonaré lo del embarazo?».

Testimonios sobre Elena Garro, p. 158.

En París vivían en el número 199 de la avenida Víctor Hugo. Ahí, en 1947 conoció al escritor argentino José Bianco, que la seguía a todas partes, la llamaba y le mandaba regalos. En su diario ella escribió que estaba harta de él y trataba de evitarlo. Se fue de viaje y le

Testimonios sobre Elena Garro, p. 163.

pidió a Paz que no le dijera a Pepe adónde iba, pero Paz no le hizo caso y Pepe se lanzó tras ella. Elena tuvo que cambiar su boleto para huir.

Al regresar de Italia seguían rondándola Finki y Bianco. Con Paz las cosas estaban fatal. Elena se quejaba de que Paz se lamentaba todo el tiempo de no ser mejor escritor. «¡Qué lata tanto ego!», escribió en su diario, «tomo una decisión, no puedo divorciarme: no tengo ni un centavo, además Octavio me quitaría a la Chata».

Testimonios sobre Elena Garro, p. 165.

Entonces intentó suicidarse. Abrió la llave de gas, le dio tres pastillas para dormir a Helena, se tomó tres ella misma y se acostó junto a su hija. Helena Paz despertó y Elena le dijo que se durmiera. Narciso, el cocinero español que trabajaba en su casa, las descubrió y las despertó con agua caliente con sal, abrió las ventanas y le avisó a Paz, que se apareció en la noche con Finki. Estaban los dos furiosos, decían que había que encerrar a Elena en un manicomio, Paz la llamó *asesina*.

Testimonios sobre Elena Garro, p. 165.

Helena cuenta en sus *Memorias* que poco después María Zambrano, que pasó una temporada con ellos, la encontró en el comedor, con la luz apagada, colgada del cuello con un alambre del candil. Pidió socorro a Teodora, una mujer que trabajaba en su casa, y a Finki. Estos la descolgaron y la acostaron sobre la mesa del comedor. La reanimaron, le dieron atención médica y la revivieron. Paz quería llevársela a un «manicomio», pero María Zambrano «se opuso rotundamente», y Paz, que la respetaba mucho, desistió.

Memorias, p. 104.

Testimonios sobre Elena Garro, p. 165.

«¿No sabrán que lo único que quiero es no oírlos nunca más?», escribió Elena en su diario.

Lectura múltiple..., p. 168.

Después de este episodio Paz empezó a vigilarla más de cerca y a restringir sus movimientos: «Octavio no me compra nada. Él paga el gasto de la semana de Narciso, el gas... Octavio prefiere que yo no toque el dinero. Y no lo toco». Parecía resignada, decía de ella misma que era la peor ama de casa.

Tenía un cajón donde guardaba las cartas de Finki y de otros hombres que le escribían. Paz decía que era el cajón de Barba Azul y le exigía la llave. Ella no se la daba.

Elena Garro Papers.

En su diario y sus cartas empieza a ser un tema recurrente el aburrimiento. En 1948 le escribió a su padre: «De París ya no tengo nada que contar, el mismo frío, la misma niebla, el mismo "chic"». La describió como «una ciudad muy aburrida y difícil de vivir». Tenía 31 años y decía estar muy triste, viviendo una vida monótona, donde todo «sigue igual», donde París era «tan mono como siempre y tan aburrido como siempre también». Quería aislarse y disfrutar los paseos solitarios que daba en su bicicleta.

José Bianco Papers.

José Bianco Papers.

Mientras tanto, Paz se llenaba de amigos y visitas. «Se pasea con ellos como una vedette con un oso», decía Elena.

José Bianco Papers.

En agosto de ese año se fueron de viaje solos Elena y Paz, y el matrimonio vivió un breve e insólito reencuentro amoroso: «A Octavio le entró una especie de sicura [la sicura es un tipo de zampoña chilena y un tipo de danza]… se convirtió en un chico encantador… Venecia nos hizo olvidarnos hasta de que estábamos casados», contó en una carta. Pero la armonía duró poco. Pronto volvieron las peleas y los amantes. Elena coqueteó brevemente con la posibilidad de quedarse con un romano: «Estuve allí varios fines de semana, el chico es muy guapo y muy elocuente, pero la idea de tener niños y de dormir con él me contrariaba mucho». Así que regresó a París: «Prometí volver y tramitar el divorcio. No he tramitado nada». Y se resignó al tedio: «La única que cambia es la niña, que crece cada día y se transforma en una Chata dulce y quieta. París también igual, solo que con más coches, mejor pan y más mexicanos». A la vuelta hubo una pelea tan grande con Paz que Elena se fue de la casa, pero volvió con él en marzo de 1949.

José Bianco Papers.

Lectura múltiple, p. 332.

José Bianco Papers.

Lo cierto es que, a pesar del fastidio que describe, Elena comenzó a expandir su círculo social. Se hizo amiga de André Breton, Benjamin Péret, Pablo Picasso, Jean-Paul Sartre, Albert Camus y varios otros artistas e intelectuales. La influencia de los surrealistas en su obra sería especialmente importante y evidente en varias de sus obras de teatro.

A veces recogía *clochards*, entre ellos una que también se llamaba Elena. La llevó a su casa, la bañó y la alimentó. Paz se enfureció. Ayudó también al pintor Francis Picabia, que estaba sumido en una pobreza

Testimonios sobre Elena Garro, p. 169.

absoluta. María Zambrano le mandaba mendigos para que los ayudara.

Testimonios sobre Elena Garro, p. 170.

Cuando Bianco se regresó a Buenos Aires, Elena comenzó con él una cercana y frecuente amistad epistolar. En su diario dice que lo va a extrañar, aunque sea un snob muy absorbente.

Espectros en la ventana

En el archivo pido la serie 3: *Correspondencia de Elena Garro, 1935-1998*. Pido las cajas 7, 8 y 9, donde están las cartas de Bioy Casares y de Octavio Paz a Elena Garro, dos de los hombres con más protagonismo en la historia de su vida.

Un amigo que conoció a Paz me contó que estuvo en esta misma sala y cuando tuvo esta correspondencia entre sus manos sintió una enorme vergüenza. Le pareció que estaba transgrediendo un secreto, entrometiéndose en la vida íntima y privada de estas personas, de estos muertos. Conforme avanzo en la lectura de las cartas, yo también me siento como una intrusa. El pasado en estas hojas está tan vivo que de pronto siento que el fantasma soy yo, un espíritu que espía ese diálogo apasionado. Pero en mí el pudor no predomina. Lo que predomina es la curiosidad, los escalofríos. Tengo la emoción de estar llegando a la mejor parte de la telenovela. Llevo todo este tiempo sin entender por qué Elena se quedó con Paz, con quien era infeliz, y no se fue con Bioy, quien, hay que decirlo, parece haber sido un señor bastante simpático. Un donjuán, claro que sí, pero al menos guapo, encantador y cariñoso.

El papel de las cartas de Bioy es casi transparente, tan delgado como cáscara de papa, como piel de cebolla, como alas de insecto, como esas laminillas para el mal aliento y las drogas que tomaba mi exnovio.

Leo frenéticamente, aunque con muchos tropezones, porque la letra de Bioy es ridículamente difícil. Es preciosa, pero incomprensible.

Mientras leo, tengo la sensación que me da la literatura que más me gusta: la de estar mirando a través de una ventana y ver de pronto sobre el cristal, como un espectro, mi propio reflejo.

Una ventana hacia otras mentes, hacia el amor y el tormento visto desde otros ojos, en otros tiempos. Y un reflejo, porque así somos los humanos: semejantes. Alguna vez, por ejemplo, estuve enamorada de alguien casado, y es un recuerdo que llevo años despreciando, que hice a un lado porque me arrepiento, porque fue una relación humillante, que me llevó a un lugar de miedo, incertidumbre y soledad. Pero leyendo estas cartas me acuerdo también de lo poderoso que era ese deseo, que al ser irrealizable no se agotaba. Ese vínculo casi imaginario que me permitía idealizar tanto como quisiera, escribir cartas, fantasear (sueños guajiros) con vidas improbables, construir castillos en el aire.

Las cartas tienen buenos datos, me aclaran muchas cosas, pero no resuelven el misterio, solo lo empeoran.

Telegramas

Testimonios sobre Elena Garro, p. 186.

En París, en 1949, por recomendación de su amigo Pepe Bianco, Elena conoció a Bioy Casares y a Silvina Ocampo. Ese día escribió en su diario: «Encuentro con los Bioy en el George V. Gran impresión. Vamos a cenar, luego a la Rhumerie Martiniquaise. Un adivino nos predice a Bioy y a mí un gran amor».

Protagonistas…, p. 485.

El adivino le atinó. Bioy Casares fue para Elena: «El amor loco de mi vida y por el cual casi muero».

Elena no fue, ni mucho menos, la primera amante de Bioy Casares. Nada más en ese viaje en que se conocieron, Bioy y Silvina Ocampo iban acompañados de una sobrina de ella, que fue, al igual que muchas otras, amante del encantador Bioy. Pero no con todas sus amantes estableció una relación tan cercana como con Elena.

Los concisos telegramas de Bioy resumen bien la idea y el tono general de sus cartas de amor:

1950
DESEANDO PROXIMO ENCUENTRO EN PARIS TE QUIERE Y EXTRANA
BIOY

Elena Garro Papers.

1951
EXTRANANDOTE EL SOLITARIO TONTO MUY ENAMORADO
BIOY

SIN FECHA
EXTRANANDOTE DESOLADAMENTE QUERIENDOTE
BIOY

1951
MUY PERDIDO EXTRANANDOTE
QUERIENDOTE ADOLFO

SIN FECHA
DESEANDOTE FELICIDAD QUERIENDOTE
BIOY

ENERO 26 1955
ME GUSTARIA VINIERAS NUESTRA CASA MAR DEL PLATA QUEDO ALLI FEBRERO MARZO QUERIENDOTE EXTRANANDOTE
BIOY

SEPTIEMBRE 1955
ENVIO CORREO AEREO CUENTOS PROLOG ABRAZO ULYSES TE EXTRAÑO ESPERO Y QUIERO
BIOY

1957
DESEANDO NOTICIAS
BIOY

1959
VEINTISIETE NUEVAYORK STOP NUMERO EN MI DIRECCION ES 1650
BIOY

Dejo para el final este que me parece el más divertido y enigmático de todos:

1956
MI PADRE PASARA POR ALLI ESTA NOCHE CON AVION MILITAR ARGENTINO PROCURA DARLE NOTICIAS ESPERANDOME
BIOY

Elena Garro Papers.

Prevalece en sus cartas el deseo. El deseo, por ejemplo, de «tener entre mis manos una tuya, o un pie». Y también la resignación: «Debo resignarme a conjugar el verbo *amar*, a repetir por milésima vez que nunca quise a nadie como te quiero a ti, que te admiro, que te respeto, que me gustas, que me diviertes, que me emocionas y que te adoro». Están llenas de declaraciones: «Te quiero más que a nadie, incluido el perro». De erotismo: «Además, además, están los amores que hemos hecho; yo con nadie los hice como contigo y nunca me olvidaré de esas tardes —realmente habíamos viajado a tierras lejanas— de abandonada felicidad». Lo que no es recuerdo, es futuro, especulaciones de lo que harán y verán juntos. Bioy manda cartas desde Italia, Buenos Aires, Montevideo, Francia. No faltan las promesas vacuas, lugares comunes en las historias de adulterio: «Espérame», «Voy a volver antes de lo que piensas».

En las cartas, Bioy se describe a menudo como un fantasma enamorado. «Sigue enamorado este fantasma», dice, y habla de su «indiferente vida de fantasma despreocupado». Firma: «este afantasmado Bioy», con la esperanza de «que mis cartas no sean fantasmas». «Es raro», escribe, «esto de vivir en un lugar, con la mente, con el alma en otro. No hay duda que ha de ser como un curso de aprendizaje para fantasma. [...] Qué lata representar el romanticismo con un atraso de cien años». Y también: «Soy como el fantasma de un suicida arrepentido». En la novela *Testimonios sobre Mariana*, Elena recrea y recuerda, a la par que inventa, ese romance, las idas y venidas, la sublimación, la imposibilidad, la incomprensión. *Testimonios sobre Mariana* es, entre otras cosas, una novela de fantasmas de suicidas arrepentidos.

En las cartas, Bioy también la anima a escribir. Le dice en 1950: «debes escribir. Que los escritores te hayamos aburrido es una fortuita circunstancia de tu biografía y solo tiene importancia para ti; que escribas tiene importancia para todos». La invita varias veces a colaborar con él (quizás más bien a trabajar *para* él), a que lo traduzca al francés, adapte novelas suyas a guiones cinematográficos y a que sea su agente literaria en Francia.

Vuelta de tuerca

No disfruté *Testimonios sobre Mariana*. Me aburría, me desesperaba Mariana, la protagonista, y aunque sabía que Mariana no era Elena Garro, como reconocía tanto de su vida en ella, me caía mal Elena Garro. Las dos tan llenas de qué me miras, tan mártires. Qué ganas de ser y hacerse la víctima, de dejarse pisotear, sufrir, sufrir y sufrir. Pero el final me gustó, esa vuelta de tuerca fantástica que resignifica buena parte de la historia. Y de pronto resulta que pasa el tiempo y pienso a menudo en *Testimonios sobre Mariana*. Regresan a mí más y más pasajes, y no sé cómo sucedió pero ahora me parece una novela magnífica.

Archivo fantasma

Lo de las cartas de Elena Garro a Bioy Casares también es un enigma. En Argentina me dicen que nadie sabe, que el archivo de Bioy Casares es inaccesible y las figuras que lo custodian, misteriosas. Hago llamadas que nadie contesta, mando correos que nadie responde, no logro dar ni con los chismes.

El juego de las preguntas

En los diarios de Elena aparecen varios cadáveres exquisitos, que ella llama «el juego de las preguntas». Este juego clásico de los surrealistas consistía en escribir una pregunta en un papel, doblarlo y que alguien más respondiera a ciegas, sin abrir la pregunta. Por ejemplo, este cadáver escrito por Octavio Paz, Elena Garro (que aquí escribe su nombre con H), Helena Paz (que aquí llaman «la Chatita»), Carlos Fuentes, Archibaldo Burns y otros dos invitados, Lucinda y Portilla:

Testimonios sobre Elena Garro, p. 216.

Octavio— ¿Qué es el domingo?
Helena— Es el unicornio encarcelado.
Octavio— ¿Qué es la madrugada?
Helena— Es una abeja zumbando adentro de los ojos.
¿Qué es la vida en común?
Octavio— Es reír sin saber bien por qué.
Helena— ¿Qué es la inteligencia?
Octavio— Es ir al abismo con los ojos abiertos. ¿Qué es la locura?

Helena— Es inventar un jeroglífico.

Octavio— ¿Qué es el agua del bautismo?

Helena— Es una paloma montada en un tigre.

Lucinda— ¿Qué es un psiquiatra?

Helena— Es un papalote guiado por un ciego.

Portilla— ¿Qué es el amor de una bailarina?

Helena— Es caer en una trampa que no atrapa.

Portilla— ¿Qué es el amor verdadero?

Helena— Es volver a medianoche y encontrar el mediodía.

A. Burns— ¿Qué es el pensamiento de Helena?

Helena— Es viajar en una alfombra mágica.

C. Fuentes— ¿Qué es el laberinto de la soledad?

Helena— Es la clausura de la boca del infierno.

C. Fuentes— ¿Qué es la pubertad?

Helena— Es sentarse a esperar la lluvia de estrellas.

A. Burns— ¿Qué es una colegiala?

La Chatita— Es un *fil de la vierge*.

Tres tulipanes amarillos

Silvina Ocampo y Bioy Casares no tuvieron hijos biológicos (Marta Bioy Ocampo, a quien Silvina adoptó poco después de la relación de Casares con Elena, era hija biológica de Casares y una amante de él llamada María Teresa) y a él le hacía mucha ilusión tener un hijo con Elena. En sus cartas le dice que quiere escribirle a su madre contándole que conoció a una persona «poética y mágica» que le «ha ofrecido un hijo». Insiste en lo mucho que le gustaría «ese chico del que hablamos en los jardines de Luxemburgo».

Elena Garro Papers.

Pero cuando Elena en efecto se embaraza, las cosas se complican —todavía más—. Por una parte, parece que Bioy le ofreció a Elena ponerles a ella y a su hija una casa en Montevideo. En diversos testimonios, Elena cuenta que Paz primero decidió dejarla ir con Bioy y luego se arrepintió. «Ese niño, legalmente, es mío. Cuando nazca se lo voy a mandar a mi madre. Y si tú te vas con Bioy, no vuelves a ver a Elena, pues el diplomático y el que tiene el poder soy yo. La embajada me

Testimonios sobre Elena Garro, p. 216.

Memorias, p. 199.

apoyará. ¡Pobre estúpida!», escribió Helena Paz en sus *Memorias* que eso le dijo su padre a su madre.

En *Testimonios sobre Mariana* hay una escena que se parece mucho a esta narración de Helena Paz:

Testimonios sobre Mariana, p. 176.

—Mariana, estamos casados, y si hubieras tenido a ese niño, legalmente sería mi hijo. En el caso de que hubieras entablado un divorcio, solo después de un año de dictada la sentencia, el niño no sería mío, legalmente, por supuesto.

—¿Y si yo dijera la verdad? —preguntó ella.

—No importaría. El niño sería legalmente mi hijo.

—Entonces, ¿la verdad no importa frente a la ley?

—Mariana, la ley es la verdad.

—No entiendo…

—Ese es uno de tus encantos… —dijo él.

Hay también una escena en la que Mariana y su amante, Vicente, están tomando la decisión de abortar: «Nadie pasaba cerca de nosotros, estábamos absolutamente solos decidiendo la vida o la muerte de un tercero y dibujando su físico […]. El secreto profundo de la vida y la muerte estaba con nosotros, eran los dos milagros más antiguos y orígenes del mundo, sobre los cuales raras veces pensamos los hombres modernos».

Testimonios sobre Mariana, p. 61.

Al final, Elena fue a abortar con su médico de cabecera, el doctor Lievain, sin ninguno de los dos señores. El aborto, que no era el primero de Elena, fue clandestino, como todos en esa época. Se realizó en quién sabe qué circunstancias y las consecuencias para Elena fueron casi letales, física y emocionalmente.

Por el testimonio de Helena Paz, pareciera que el aborto se debió solamente a la actitud de su padre, pero Laura Ramos recuerda que Elena Garro le dijo que Paz temía que Bioy sedujera a Helena: «Ella ya era grande [tendría unos doce años], pero Octavio decía que Bioy quería tenernos de amantes a las dos, ¡estaba loco!, ¡dijo que me diera cuenta de cómo veía a Helena, que la desvestía con los ojos!». En las cartas de Bioy, por otro lado, se percibe cierta culpabilidad que apunta a que quizás él mismo quería que Elena abortara.

Elena Garro: los recuerdos sin porvenir, p. 92.

En su correspondencia, Bioy se refiere varias veces a ese bebé que no nació como «el charro». (Otra vez imaginan que ese bebé ideal va a ser hombre, igual que Elena y Paz habían imaginado a Felipe.) El charro es parte de una mitología propia que construyen Bioy y Elena, un léxico amoroso donde recurren, entre otras cosas, el zapato que Bioy perdió un día en el campo y otros pretendientes a los que llaman sus «sombras». En una carta, Bioy le dice: «Yo sé que nada en el mundo puede limpiarme del doble pecado de no dejar venir al charro y de abandonarte en ese agosto espantoso, de soledad y de fiebre».

Elena Garro Papers.

En los libros de Garro este episodio de su vida está simbolizado por tres tulipanes amarillos. Tres flores que son ella, Bioy y el hijo perdido, la ilusión de una familia que no fue. En un poema dice:

Cristales de tiempo, p. 168.

Tres tulipanes amarillos
lanzan pálidas llamas en la tarde.
Seis tulipanes
con los tres del espejo
velan, llameando fríos,
cerrados, la ausencia
que deja tu rostro
en esta tarde.

Y en *Testimonios sobre Mariana*:

Testimonios sobre Mariana, p. 74.

La encontré en su cama mirando a un vaso colocado sobre la chimenea con tres tulipanes amarillos que se reflejaban en el espejo.

—Somos nosotros tres —me dijo.

En una entrevista con Lucía Melgar, esta le pregunta por qué se fue Bioy:

Lectura múltiple…, p. 299.

EG: Porque no quiso dejar a Silvina.
LM: Pero ¿la quería mucho o había alguna otra razón?
EG: Él me dijo una vez algo muy raro. Dijo: «¿Pero tú te das cuenta de lo que significa casarse con una Ocampo?». Y le dije: «No, no me doy».

La familia Ocampo era parte de la aristocracia argentina y un coto de poder en el medio cultural. Según las *Memorias* de Helena Paz, tras el aborto Bioy se enfureció y se fue de París, a recorrer Europa. Elena y Bioy se despidieron el 9 de agosto de 1951 y dos días después él se volvió a Buenos Aires. Tras su partida, las cartas de Bioy todavía se empeñan en un futuro posible. Le pide a Elena que se case con él, la invita a La Plata o a Buenos Aires, pero estas fantasías nunca se concretaron. Helena Paz dice que su madre en un punto se enteró de que Bioy, que juraba serle fiel y mantenerse «casto» por ella, había embarazado a otra mujer, y eso terminó de desencantarla. *Memorias*, p. 199.

El 5 de junio de 1952 Paz recibió la orden de trasladarse a Japón. Se instaló en un hotel y le envió un ultimátum a Elena: «Si no llegan en un mes a Japón, habrá consecuencias». Elena tenía miedo de viajar, pero obedeció. Se puso una cantidad enorme de vacunas mandatorias, se embarcó y llegó a Tokio enferma de mielitis. El aborto sumado a la sobredosis de vacunas le había causado la infección. Helena contó en sus *Memorias* que un día su madre se sintió tan mal que pidió que llamaran al doctor Fukase (a Fukase lo conocieron cuando Paz se cayó de un balcón del hotel y sobrevivió, aunque quedó muy lastimado). «Me voy a morir», dijo Elena. Octavio no quería llamar al doctor: «Siempre con tus mismas farsas. No tienes nada». Helena entonces corrió al teléfono, llamó a la recepción del hotel y *Memorias*, pp. 253-254.

pidió ayuda. Paz, furioso, le pegó en la frente a Helena con el teléfono y le hizo una herida que sangraba. El doctor Fukase llegó y atendió a las dos Elenas. Al revisar a Elena, dijo: «The Lady is passin' away» (La señora se está muriendo). Pero logró estabilizarla. Le advirtieron que tenía que tratarse de inmediato, y no podía ser en Japón. Después de una difícil batalla con la embajada, y de un telegrama que le mandó Elena al presidente Miguel Alemán en México (en el telegrama decía que si no los trasladaban iba a morir en Japón, y que en ese caso por favor la hicieran pedacitos, para que fuera más fácil trasladar su cuerpo a México), lograron que los transfirieran a Berna. Durante su convalecencia, Paz le recomendó escribir sobre su infancia, y ahí, con una Remington en el regazo, Elena escribió su primera novela —que sería publicada hasta diez años después—: *Los recuerdos del porvenir*.

Memorias, p. 282.

Los recuerdos del porvenir

Es la novela más famosa de Elena Garro, donde lleva a la literatura su infancia en Iguala. Es la resistencia de un pueblo en plena Guerra cristera por conservar sus tradiciones y su religión. Es un tratado sobre el tiempo: el tiempo congelado de la tragedia, el cíclico de las guerras, el imposible de los fantasmas. Es la historia de dos mujeres, Isabel y Julia, que padecieron la violencia de un régimen autoritario y de un machismo de raíces profundas, encarnado en el general Francisco Rosas. Es la historia de un feminicidio, del espectro de una mujer y de otra convertida en piedra. Es una reivindicación de las posibilidades milagrosas del teatro. Es el relato de una traición. Es la invención de un espacio geográfico y de su gente. *Los recuerdos del porvenir* es la memoria, la voz, la historia y la Historia del pueblo de Ixtepec.

Impresiones de Japón

José Bianco Papers.

Elena escribe en una carta a Pepe Bianco: «De los japoneses no puedo decirte casi nada, a veces son muy guapos, y siempre chaparritos. El idioma es difícil porque no se parece a nada. Las japonesas o son horribles o son muy lindas. El paisaje es precioso, una especie de Austria con casitas de papel. La comida es cruda, menos la témpura que dejaron aquí los españoles y el pescado frito». Y un poco después, en la misma carta: «Japón es el fin del mundo, pero yo estoy más lejos, yo ando en el país del miedo. Si estoy despierta me estoy espiando, si me duermo sueño que me sigo espiando».

La muerte de los héroes

Hubo un tiempo en que Elena idealizaba el amor. En su obra *La señora en su balcón*, la protagonista plantea esa utopía de un amor eterno y perfecto: «No es eso lo que yo pido sino un acuerdo para, después de vivir, seguir viviendo siempre juntos, inseparables. Como lo visto y la memoria, como el hombre y su pasado irremediable, como lo positivo y el negativo que juntos dan el rayo. Yo te pido la voluntad de ser uno». En 1936, le escribe a Paz en aquella carta la sensación de haber perdido ese ideal: «lloré por la Elena de hace un año, por todas las jóvenes que fracasan todos los días; por todas las que aspiramos un día al amor entendido como yo lo entendía y lo deseaba: enorme, dichoso, pleno, en armonía con lo infinito». De ahí en adelante, cuando habla y escribe de amor predomina el desengaño. En una entrevista le dice a Patricia Rosas Lopátegui: «A mí me fue muy mal en el amor, yo creo que en este mundo es muy difícil el amor…». A José Antonio Cordero le dice que nunca fue «muy enamorada», que el amor

Teatro completo, p. 88.

Cristales de tiempo, p. 39.

Cristales de tiempo, p. 54.

La cuarta casa. le parece un sueño irrealizable «porque la convivencia con la persona siempre resulta un fracaso. Y cuando es de verdad amor, como en las novelas o en la historia, pues se mueren los héroes». Lucía Melgar le pregunta qué es para ella el amor y ella responde: «Pues era ver algo muy maravilloso, muy amplio, que todo se ve precioso: un árbol es un árbol divino, una casa... está precioso todo. Y luego cuando lo ves sola resulta que todo era muy mediocre».

Lectura múltiple..., p. 299.

Un cadáver exquisito

Elena concebía un universo de tiempos paralelos en donde presente, pasado y futuro coexistían y era posible recordar el porvenir. En ese universo debe poderse adivinar el pasado. Como sigo llena de dudas, decidí hacer adivinaciones sobre el pasado de Elena.

Primero le pedí a algunos amigos que me ayudaran con un Juego de las preguntas, como esos cadáveres exquisitos que aparecen en los diarios de Elena:

Jazmina: ¿Quién es Elena Garro?
Isabel: Es aquello que merece traducirse.

Jazmina: ¿Qué es eso que tenía en la cabeza?
Jorge: Es una pintura desgarrada.

Jazmina: ¿Quién es culpable de lo que le pasó?
Aurelia: Es una avispa sin aguijón.

Jazmina: ¿Qué decir de su hija?

Marina: Es el suplicio del dolor inmerecido.

Jazmina: ¿Qué podemos saber sobre ella?
César: Es un perro triste por la ausencia de su dueño.

Jazmina: ¿Qué no podemos saber de ella?
Elisa: Es el pasado visto a contraluz.

Lo demás es brutal

La primera vez que Elena consideró quitarse la vida parece haber sido cuando se casó con Paz y quiso lanzarse a las vías del tren. En sus diarios cuenta esos otros dos intentos de suicidio en París, con el gas y con el alambre. En *Testimonios sobre Mariana*, la protagonista intenta suicidarse también dos veces y el relato es casi idéntico al de los diarios de Elena. La tercera vez, Mariana concreta el suicidio. Salta desde un cuarto piso y se lleva con ella a su hija. Su fantasma ronda todavía este mundo, buscando redención por su pecado. Porque si Elena era católica, eso tuvo que haber sido el suicidio para ella: un pecado.

En los diarios, más de una vez menciona la tentación de quitarse la vida. Por ejemplo, en 1945: «Volver con Octavio me da pavor. Además no me lo ha pedido: siempre dice que me voy a suicidar, tal vez ha llegado el momento». En 1948: «Solo me parece lógico el suicidio. Lo demás es brutal y por ende estúpido». Y en 1960, cuando Helena vivió brevemente con Paz: «No

Testimonios sobre Elena Garro, p. 157.

José Bianco Papers.

tengo un centavo en todo el mundo. Es difícil el suicidio. Lo he pensado y resulta complicado. Tal vez pastillas. Octavio es un perro rabioso: pateó a la Chata. Luego me llamó para anunciarme: "Tu hija es insoportable". Me cité con ella en el Relais Plaza. Lloraba mucho».

Testimonios sobre Elena Garro, p. 241.

En sus diarios también rememora cuando, ya divorciados, Octavio Paz la animaba a suicidarse: «Recuerdo cuando lo recogí en mi casa de París y me rogaba que me suicidara para poder hablar bien de mí: "Suicídate, Helencitos, entonces yo podré escribir y decir que eras una mujer maravillosa, que eras la poesía misma, el genio"». «¿Cómo explicar», se pregunta Elena, «que recién casada encontraba navajas Gillette debajo de mi almohada?».

Testimonios sobre Elena Garro, p. 423.

Testimonios sobre Elena Garro, p. 419.

Cura de sueño

En Ginebra, en 1953, a Elena le cambiaron el tratamiento médico, y le recetaron una cura de sueño por un mes. Todas las mañanas desayunaba, se tomaba una pastilla y dormía hasta la noche. A esa hora cenaba y se tomaba otra pastilla para dormir hasta la mañana. Según Helena, después de ese mes dormida, se curó. Mientras tanto, Paz se enamoró de la pintora y escritora italiana Bona Tibertelli.

Memorias, p. 286.

Ese mismo año a Paz lo contrataron en la Secretaría de Relaciones Exteriores y la familia volvió a México. Durante ese viaje, Elena tuvo un amorío pasajero con el capitán del barco. Él trató de convencerla de fugarse con él, pero ella no quiso. El romance le sirvió de inspiración para el cuento «La vida empieza a las tres». Al llegar a México, Elena y Paz rentaron un departamento en Insurgentes esquina con Viaducto Miguel Alemán, y luego se mudaron a otro en la calle de Nuevo León número 230, en la colonia Condesa. Pronto la casa se transformó en un espacio de tertulias para la comunidad cultural.

Memorias, p. 306.

La crema y nata: en esas míticas veladas se congregaban Luis Buñuel, Salvador Elizondo, Carlos Fuentes, Luis Villoro, Elena Poniatowska y muchos otros. Se dice que Elena Garro era una anfitriona seductora y divertida, que convocaba las miradas y la atención con sus historias, sus burlas, sus imitaciones y su belleza.

Al mismo tiempo, Elena escribía y escribía. Investigó mucho sobre el dirigente revolucionario Felipe Ángeles, un personaje hasta entonces secundario en la historia oficial. Con ese material escribió una obra de teatro en donde describe cómo, una vez ganada una revolución, puede fácilmente pervertirse. También escribió artículos y una serie periódica de polémicas biografías sobre personajes de la Revolución mexicana. En medio de todo eso, el matrimonio —que ya era en realidad una alianza (más o menos) estratégica— seguía teniendo fuertes crisis, separaciones y reencuentros. Con Paz se dejaba de hablar por días y por semanas enteras. En esa época, Elena empezó una relación con el cineasta Archibaldo Burns, mientras que la relación de Paz con Bona Tibertelli, y con otras mujeres, continuaba.

Hubo una temporada especialmente difícil, después del 28 de diciembre de 1953, cuando murió Boni, el primo de Elena, su cómplice de la infancia. La teoría oficial es que se suicidó, aunque Elena estaba segura de que lo habían matado. En sus diarios dice repetidas veces que piensa en Boni, que sueña con él.

Tortugas

Los archivos de Princeton cierran a las cuatro de la tarde y a esa hora me reúno con los embajadores en las banquitas que hay afuera de la biblioteca. De ahí vamos a comer —de 9 a 4 no nos despegamos de los papeles viejos y salimos llorando de hambre—. Mientras comemos intercambiamos chismes. Los autores que estamos investigando eran más o menos contemporáneos; yo encontré una mención a Donoso en las cartas de Elena Garro; la embajadora de Donoso encontró varios encuentros con Pitol en los diarios del primero y el embajador de Pitol halló un par de menciones a Octavio Paz, donde dice que «Paz escribe, sin duda, una de las mejores prosas en español» y también que «se ha convertido en la persona más odiada de México. Su altanería, su soberbia han acabado por destruirlo». La embajadora de Virgilio Piñera nos va a pasar el archivo de Pepe Bianco, que parece haber sido el ajonjolí de todos los moles, pues con todo mundo se carteaba. Yo estoy tratando de que la embajadora de Pizarnik me deje asomarme a su archivo, porque dice que cada diario es una obra de arte. Pizarnik escribe en esos diarios sobre su amada Silvina Ocampo, la genialísima y excéntrica escritora, esposa histórica de Bioy Casares, que nunca parece haber mostrado celos hacia Elena Garro ni hacia las otras varias amantes que tuvo su esposo.

Después de comer vamos a conocer el río. Cuando nos acercamos, vemos los letreros que advierten a los autos que por ahí cruzan tortugas. Caminamos por la orilla y nos detenemos en un pequeño delta, donde las aguas se juntan y luego siguen su camino. Al atardecer vemos nadar a varias tortugas gigantescas.

Tierra y libertad

En 1958, en las oficinas del Fondo de Cultura Económica en la Ciudad de México, se celebraba un elegante brindis para despedir al escritor Rómulo Gallegos, que volvía a Venezuela. Al evento llegó Elena Garro, junto con un grupo de campesinos del pueblo de Ahuatepec, Morelos. Elena y los campesinos buscaban recopilar firmas entre los ilustres invitados para exigir un alto a la usurpación de las tierras, la violencia y la represión que se había desatado contra los aguatepequeños. El director, Arnaldo Orfila, el homenajeado y el resto de los intelectuales se negaron a firmar. Elena y los campesinos se sentaron un momento a escuchar los hipócritas discursos de izquierda que se daban desde el podio, pero salieron antes de que acabara el evento. Afuera, custodiando los autos de lujo, se encontraban los choferes, con cuya complicidad Elena y los campesinos fueron de coche en coche ponchando llantas.

Elena Garro, la pérdida del reino, p. 38.

Poniatowska, *Obras reunidas III*, p. 90.

Elena siempre fue agrarista (es posible que de niña no, pero no lo dudaría) y el problema del reparto agrario recorre muchas de sus obras, desde *Los recuerdos del porvenir* hasta *Felipe Ángeles*. Contaba que una tarde de 1958 aparecieron en su puerta dos campesinos, Antonia Ramírez y Enedino Montiel (quizás enviados por un abogado que ya antes le había contado a Elena su historia), para pedirle su ayuda: que intercediera por ellos con el expresidente Lázaro Cárdenas porque un millonario quería quitarles sus tierras. Dice Elena que al ver «sus pies rajados» en su salón, se sintió «muy pecadora». Así que se dispuso a ayudarlos, y se tomó en serio la causa; los acompañó en su lucha con sus rigurosos textos periodísticos, con su presencia en el Departamento de Asuntos Agrarios y Colonización y en las oficinas de la Confederación Nacional Campesina (CNC). Estuvo con ellos en litigios y marchas.

Lectura múltiple..., p. 327.

Respaldó huelgas y, junto con su hermana Deva y su esposo, el pintor Jesús Guerrero Galván (los dos, comunistas), apoyó al líder morelense Rubén Jaramillo, hasta que a él, a su esposa embarazada y a sus hijos los mataron en Xochicalco. Deva y su familia construyeron su tumba y en el archivo de Princeton se encuentra guardada la invitación a su funeral. Se cuenta que Elena le dio una cachetada al gobernador después del asesinato.

Lectura múltiple..., p. 69.

Lectura múltiple..., pp. 146 y 274-275.

Elena dijo en entrevistas que en esa época envenenaron a su hija y balearon a Archibaldo Burns «por andar con la güerita». Los dos se salvaron de los atentados.

Por ese tiempo también se hizo amiga de algunos jóvenes del Partido Comunista, que en ocasiones le pedían que escondiera amigos suyos, como hizo poco antes de 1968 con Raúl Palacios, el joven al que apodaron «la Piñata» porque llegó malherido a las afueras de su casa. La historia de «la Piñata» la volvió ficción en la genial, hilarante y angustiante novela *Y Matarazo no llamó…*

Garro, *Obras reunidas III*, p. XXIV.

Después de que Enedino Montiel, con su ayuda, recuperara en un juicio varias propiedades en Ahuatepec, Elena decía —y parece probable— que el presidente Adolfo López Mateos le recomendó a Octavio Paz que mandara a su esposa fuera del país. Paz, que alguna vez apoyó la lucha agrarista de Elena, a esas alturas ya estaba harto de la estridencia política de su esposa, que era poco conveniente para su carrera diplomática. Andaba además muy enamorado de Bona Tibertelli y ambos habían prometido divorciarse para estar juntos.

Hacerle justicia

Me gasté un ojo de la cara en este viaje a los *Elena Garro Papers*. Llegué demasiado tarde a la beca que da la universidad para financiar investigaciones en sus archivos. No encontré a nadie que me alojara en Princeton. Entre el avión y el hotel me gasté el doble del adelanto que recibí para este libro y a veces todo esto parece no tener ningún sentido. ¿Qué tanto más puedo aprender sobre Elena Garro? ¿Qué tanto más puedo decir? ¿No tengo claro ya lo principal? ¿No me basta con todos esos libros que he leído? No me basta. Me dieron un rompecabezas incompleto para armar, me dieron las ruinas de un templo que ha sido saqueado mil veces y estoy obstinada con que cada pieza que recupere, por minúscula que sea, importa. Me importa. En vez de resignarme a no entender, a que no hay tal cosa como entender nunca del todo a una persona viva, no se diga ya a una muerta, y mucho menos a una muerta tan caótica como esta, me empeño en encontrar todavía alguna pista, alguna pieza que, por diminuta que sea, resulte clave para hacerle justicia. Porque eso es ya francamente lo único que me interesa: hacerle justicia.

Pero no

Qué pretencioso eso de hacerle justicia. Elena no me necesita. Más vale admitir de una vez que este libro lo hago por mí.

El delito de la fantasía

A veces, cuando le decían que era una precursora del realismo mágico, se enojaba, decía que eso no existía, que en todo caso era literatura fantástica o que no había nada mágico en lo que ella había escrito, que era así la realidad, o que estaba harta del realismo mágico, de tanta magia, tantos trucos. Pero a veces decía que sí, que había sido una precursora, que la magia era un recurso que usaba en sus libros cuando no se le ocurría cómo salir de algún embrollo. Y que García Márquez la leyó y quizás hasta tomó algunos elementos de *Los recuerdos del porvenir* para sus *Cien años de soledad* (ahí estaban ya las mariposas amarillas, por ejemplo), por más que el colombiano le hubiera dicho que *Los recuerdos* le parecía una novela tan cursi como un pañuelo bordado.

Lectura múltiple..., p. 292.

Elena tenía una manera particular de entender lo sobrenatural. Decía creer en los fantasmas y en los milagros. Amaba a Novalis: «Él fue quien formuló que guardamos una mayor conexión con lo invisible que con

Cristales de tiempo, p. 52.

lo visible». En su obra, lo sobrenatural no se pone en duda, no suscita asombro, se parece a lo maravilloso de los cuentos de hadas o de los mitos y leyendas de los pueblos indígenas, se acepta como parte de la realidad.

Testimonios sobre Mariana, p. 193.

En *Testimonios sobre Mariana* dice el personaje de Gabrielle: «Sus palabras me convencieron de que jugar con lo maravilloso no solo implica peligro, sino ridículo. La realidad cotidiana medía las acciones y los hechos con la estrecha vara del llamado sentido común y el sentido común rebajaba la fantasía hasta el punto de convertirla en delito».

Odiosa

La letra de Bioy Casares me resulta incomprensible, pero la de Elena la entiendo porque es idéntica a la de mi abuela. Alguna vez su abuela y mi bisabuelo vivieron en la misma calle donde ahora vivo yo. Elena nació pocos años antes que mi abuela, pero hay algo en su tono de voz, sus frases, sus dichos y refranes, en la forma de posar en las fotografías, que me recuerda profundamente a mi abuela. Hace poco visité a mi tía abuela Lolín que tiene más de 91 años y que es muy lectora, y le pregunté si había leído a Elena Garro. Ya casi no puede hablar, pero con la cabeza me dijo que sí. Cuando le pregunté qué pensaba de ella hizo un enorme esfuerzo para decir en un susurro, pero con convicción: «odiosa».

Archibaldo Burns

Su relación con Archibaldo Burns fue complicada —para variar—. Por un lado, Burns la apoyaba en su lucha con los campesinos y armaba con ella proyectos cinematográficos. Se inspiró en un cuento de *La semana de colores* para filmar *Perfecto Luna* (aunque la cinta nunca se distribuyó). Y cuando Elena tuvo que salir de México en el 59, vivió con Burns y luego, en 1961, en un departamento que posiblemente compró Helena con dinero del mismo Burns (según ella misma, un dinero que le robó y que usó para comprar el departamento a cambio de no revelar algunos secretos terroríficos de Burns).

Debo olvidar que existí, p. 112.

José Bianco Papers.

Por otro lado, le contó Elena en una carta a Pepe Bianco: «En dos ocasiones iracundas estrelló dos automóviles conmigo y con él adentro. Nunca lo quise. ¿Por qué? ¡Quién sabe! Ahora en este instante de seguro está planeando mi muerte». Decía de él que la perseguía, aunque se ve que a veces también la ayudaba. En su diario cuenta el día en que se enteró de que Burns había

Testimonios sobre Elena Garro, p. 243.

tenido relaciones sexuales con Gérard Genevois en la cama de Elena, mientras ella estaba de viaje. Hay rastros de estas historias —transformadas, inventadas y mezcladas con personajes de Scott Fitzgerald y Evelyn Waugh— en su extraño thriller *Reencuentro de personajes*. Más adelante, le dijo a Bianco que había dejado atrás los rencores con Archibaldo y había empezado a recordarlo tan solo como un buen amigo y cómplice: «Sería tristísimo que Dios nos recogiera en este momento y nos llamara a cuentas. "¿Y qué hizo usted con los dones que le di?", yo pelear con Octavio Paz y huir de Archi Burns».

José Bianco Papers.

Los baúles

Seis legendarios baúles de Elena Garro con sus cartas, diarios, fotos y manuscritos dieron vueltas con ella por el mundo. Fueron olvidados en hoteles y recuperados. Los manuscritos que llevaban dentro (muchos) sobrevivieron a las fugas intempestivas, al síndrome de impostora, a la violenta relación con Paz y a los amagos de incendio. Algo de lo que había en esos baúles fue a dar a las 14 cajas que se guardan hoy en este archivo de Princeton: a la caja de cartón amarilla que tengo enfrente. Dicen que los baúles llegaban a pesar 164 kg y en ningún lado encuentro el dato de quién se los cargaba o cómo los transportaba cuando no tenía dinero durante todos esos trayectos.

La pérdida del reino, p. 65.

Apasionada indiferencia

En febrero de 1957, Elena se reunió por última vez con Adolfo Bioy Casares. Tanto Bioy como Paz fueron invitados a un encuentro en las Naciones Unidas, en Nueva York, y Elena alcanzó a Paz, que se había adelantado con Elenita.

Helena Paz cuenta en sus *Memorias* lo difícil que fue que Elena y Bioy pudieran verse en Nueva York, porque Paz se lo prohibió terminantemente a Elena. Helena tuvo que invitar a Bioy a escondidas a una fiesta para que él y su madre se pudieran reunir. Paz le avisó a Archibaldo Burns en México, para que fuera a Nueva York a impedir que siguiera viéndose con Bioy. Elena mintió, se escabulló y una vez hasta caminó sobre las mesas de un restaurante (eso dice Helena y a mí me cuesta imaginar la proeza acrobática que significaría), para lograr seguir encontrándose con él.

Memorias, pp. 419-430.

Décadas después, en una entrevista, diría sobre ese encuentro con Bioy: «Lo vi en Nueva York... Pero ahí sí ya de plano... ya se había muerto todo...».

Lectura múltiple..., p. 299.

En su diario del 6 de febrero, anota que comió con Bioy y con Octavio:

Testimonios sobre Elena Garro, p. 226.

> El viejo Bioy es un ejemplo: con su calva rubia, su cadena de oro, sus bellas maneras prestadas, su labio inferior colgante y sus espaldas caídas es el representante de la nada. ¿Qué significa libertad cuando la pronuncia? Nada. ¿Qué significa hambre? Nada. Tal vez él mismo y todos los beneficios económicos que le produce haber aprendido ese vocabulario... ¿Quién le dio tantos privilegios? El millón de vacas, el otro millón de cabros, los cabreros y vaqueros que tiene en la Pampa.

Testimonios sobre Elena Garro, p. 228.

Elena todavía reconoce el atractivo de Bioy: «es inteligente, es guapo, se viste minuciosamente; cuida sus gestos discretos, maneja sus miradas, sus sonrisas, cultiva atentamente con desenfrenada coquetería sus limitaciones». Pero lo hace ya con una ironía, con una distancia crítica infranqueable: «Y se diría que es el amante perfecto si no me contaran él y todos los que le conocen sus innumerables aventuras con taquígrafas y casadas a las que nutre de desdenes y chocolates en las garçonnière de Buenos Aires».

Memorias, p. 442.

En sus *Memorias*, Helena cuenta que al final del viaje llevó a Bioy al café donde estaban Elena y Paz, para que pudieran despedirse. De esa escena hay una fotografía, la única que conozco donde aparecen juntos Elena y Bioy. Ellos dos sentados de un lado de la mesa y Octavio y Helena Paz del otro lado. Helena escribe que su padre estaba enojado con ella y que le echaba unas miradas fulminantes, pero en la foto todos sonríen.

En su diario, Elena registró una conversación que tuvo con Bioy en ese viaje, tan cómica que ella misma la citaría después en *Testimonios sobre Mariana*:

> —Helena, mi amor.
>
> —Mira, Bioy, tú me diste una tan buena lección que yo ya no puedo enamorarme de nadie.
>
> —Tampoco yo, Helena, de nadie porque no hay nadie como tú. Ay, qué cierto es que no hay nadie, ni otra Helena en el mundo. Mira… verte era como si tuviera fiebre, vivir en el mundo de la locura, de la fiebre. Tampoco yo, Helena, tampoco yo puedo enamorarme de nadie.
>
> —Te lo creo, Bioy, pero yo digo que de nadie, ni siquiera de Bioy.

Testimonios sobre Elena Garro, p. 229.

A pesar de este desprecio, le preocupaba la impresión que iría a dejar en él. Para despedirlo se compró una falda negra, una camisa negra de pana italiana, un pañuelo blanco de gasa y perlas. Quería verse «bonita para decir adiós». Y escribe en el diario: «Tanto me repetí que sería indiferente que no me fue difícil. Amable, apasionada indiferencia».

Testimonios sobre Elena Garro, p. 230.

Divorcio en Juárez

Testimonios sobre Elena Garro, p. 230.

En marzo de 1957, tras una biopsia, le informaron que tenían que extirparle las trompas uterinas, los ovarios, la matriz y el cuello del útero. En su diario escribe que está asustada.

Ese mismo año, Paz ayudó a que tres de sus obras se estrenaran en el cuarto programa de Poesía en Voz Alta, donde se escenificaron con alabanzas de la crítica: *Andarse por las ramas*, *Los pilares de doña Blanca* y *Un hogar sólido*. Esas piezas cortas y deslumbrantes, que conjugan la lírica popular infantil, el humor del sinsentido, el surrealismo y las historias de fantasmas, dieron forma a su primer libro, bajo el título *Un hogar sólido*, publicado por la Universidad Veracruzana en 1958.

Publicó ese primer libro a los 41 años, una edad que hoy quizás nos parece tardía, pero era común en su época que las escritoras madres —que se llevaban la peor parte de las labores domésticas y de cuidados— empezaran a publicar cuando sus hijos (y sus maridos) ya no requerían tanta atención.

En 1957 Paz se fue definitivamente de la casa (a vivir con su madre) y empezó a escribir *Piedra de sol*, su poema más famoso, donde encumbra a su amada Bona Tibertelli y describe a Elena como una Circe, una Melusina, un «pellejo colgado de unos huesos». (Después Elena le escribiría en una carta: «Decías que era Circe. La prueba mejor eres tú, cerdo».)

Obra poética, p. 259.

Elena Garro Papers.

El divorcio lo tramitó finalmente Paz en 1959, sin que Garro se enterara, aprovechando la legislatura del estado de Chihuahua, en Ciudad Juárez, donde era posible divorciarse con el consentimiento de solo una de las partes. Esos divorcios luego fueron declarados ilegítimos, cosa que complicó el estatus legal de un matrimonio que de por sí quizás nunca fue válido, porque Elena era menor de edad en el momento en que se casaron.

Ese no fue el final, sino solo el inicio de un nuevo episodio en las batallas interminables de ese par de pendencieros. Elena se quejaba de que al separarse le había tocado una parte miserable de las propiedades: «un couch de 160 pesos, dos camas de SyR, seis sillas de su casa de soltero con el tapiz desgarrado... Yo no tenía derecho a ningún librero ni libro». Decía que el juez había ignorado que el matrimonio había sido registrado en comunidad de bienes y la había despojado de todo lo que tenía. El litigio por ese divorcio, según Garro, nunca se resolvió.

Testimonios sobre Elena Garro, p. 235.

Pero a pesar de todo, Elena y Paz tuvieron un breve periodo de amistad en Francia. A fines de ese año, las

Elenas se mudaron a París, donde también estaba viviendo Paz. Elena alojó a Paz en su departamento varios meses, después de que Bona Tibertelli «cambió de mexicano» y lo dejó por el pintor Francisco Toledo.

Octavio Paz en su siglo, p. 377.

Sobre la soledad del diablo

Sola, lo que se dice sola, no pasó demasiado tiempo. Vivió al principio con su familia, después con Octavio Paz y luego siempre con su hija, hasta el final de su vida. Pero ya se sabe que es posible experimentar una profunda soledad incluso rodeada de otras personas. Luego pasó de golpe de la vida pública al ostracismo, de las fiestas de salón a un confinamiento malsano.

Aun así, en una entrevista dijo: «Fíjate que nunca me he sentido sola. Estoy muy sola porque me gusta estar sola. Porque estando sola, por ejemplo aquí, me pongo a pensar, a imaginar, a amar las cosas, a los amigos, a mis gatos… La soledad no me parece trágica. Trágica para el diablo porque no tiene afecto».

Lectura múltiple, p. 199.

Nadie en el mundo

Elena vivió con su hija y sus siete gatos en la rue de l'Ancienne-Comédie desde 1959 hasta 1963. Era un departamento elegante, que había sido el vestíbulo del teatro de Molière. Ahí la entrevistó Elena Poniatowska, quien describió con lujo de detalle la opulencia y el glamour impresionante del lugar.

El asesinato de Elena Garro, p. 126.

Después se mudó a un departamento al que le faltaban algunos detalles de remodelación y pasó por un episodio que le narra a Bianco en sus cartas, y a partir del cual escribirá *Mi hermanita Magdalena*: un miembro de la OAS (la Organisation de l'Armée Secrète era un grupo terrorista de extrema derecha) abandonó un baúl con documentos y cartas comprometedoras en su departamento y ella tenía miedo de guardarlo o de que al entregarlo a la policía la acusaran de delatora. Dijo que cuando lo entregó, de inmediato empezaron a arrestar a las personas vinculadas con los documentos.

José Bianco Papers.

Salvo ese breve momento de amistad en París, la montaña rusa con Paz fue rápidamente en picada. Le cuenta a Pepe Bianco en una carta: «A la Chatita en dos meses que vivió con él en la Embajada le hizo tales cosas (por ejemplo no abrirle la puerta cuando volvía de las fiestas y dejarla en la calle toda la noche, golpearla, calumniarla, etc.) que se me puso muy enferma. Se cubrió de eczema y estuvo al borde de una depresión nerviosa».

José Bianco Papers.

En 1960 se lee angustiada y deprimida: «No tengo con qué pagar el hotel. No hay nadie en el mundo. No puedo dormir, pensar, hacer nada».

Testimonios sobre Elena Garro, p. 241.

En 1962 recibió una funesta llamada de Archibaldo Burns para contarle que habían asesinado a sus amigos Enedino Montiel y Antonia Ramírez. Así se lo contó Elena a Pepe Bianco en una carta: «El gobierno los asesinó para quitarles los terrenos. La noticia me enfermó. Desde entonces la preocupación sigue y yo no sé qué hacer para defenderlos. Qué vas a hacer cuando matan hijos, mujeres [...] Les sacan los ojos, les echan tierra en la boca, etc. Atroz, atroz».

José Bianco Papers.

Credo

El catolicismo le venía a Elena en buena medida de la familia de su padre, que estuvo cerca de convertirse en sacerdote. «Dios es mi semejante, los árboles, los animales, usted, yo. Dios es lo que mueve la vida y la muerte. Dios es el orden, la justicia», dice el protagonista de *Felipe Ángeles*. En sus archivos hay un folleto de iglesia, con los horarios de las misas, y en sus diarios está el registro de que iba con frecuencia y rezaba seguido. Un par de veces, en sus múltiples fugas, se refugió en conventos. Escribió una novela con una monja de protagonista: *Inés*. Más que católica, Elena se decía guadalupana y creyente de San Miguel Arcángel. Pero no se casó por la iglesia, tuvo amantes, abortó, se divorció e intentó suicidarse. Por eso quizás decía Archibaldo Burns que el catolicismo de Elena tenía algo de postizo.

Teatro completo, p. 241.

Lectura múltiple, p. 137.

Su padre también la introdujo en el budismo. Cuando pasaron por Sri Lanka, camino a Japón, Helena se sorprendió de lo familiarizada que estaba su madre con los códigos y las costumbres budistas.

Memorias, p. 231.

En *La cuarta casa*, José Antonio Cordero le pregunta: «¿Tú en qué crees?». Y ella le responde con este credo:

> Creo en Dostoievsky.
> Creo en Turgenyev.
> Creo en Santa Teresa de Ávila.
> Creo en Junger.
> En todo.
> En Dios y en el diablo.
> En los ángeles y en los diablillos.
> En los santos creo mucho.
> Bueno, creo en los dioses griegos también.

Perfume

Creo en el fantasma de Elena Garro, en su falso recuerdo donde se ríe de su propio chiste, donde es joven, se viste de beige y huele a cigarro, a gato y a perfume francés.

Contra la rabia

Después de su divorcio, Paz se convirtió en un gran promotor de la obra de Elena. En 1963, convenció a Joaquín Mortiz de publicar *Los recuerdos del porvenir* y, estando Paz en el jurado, le otorgaron el premio Villaurrutia.

A fines de 1963, Elena Garro regresó a México y Paz se fue a Nueva Delhi como embajador de la India. Aunque siguieron en contacto, no encuentro registro de que volvieran a verse en persona durante el resto de sus vidas.

Ese año también se peleó a muerte con su prima, la bailarina Amalia Hernández, a causa de la película *Solo de noche vienes* (me niego a escribir los párrafos extra que requeriría explicar esa disputa, que me resulta más engorrosa que relevante). Además la mordió un perro, frente a una farmacia, y la tuvieron que inyectar contra la rabia.

Testimonios sobre Elena Garro, p. 253.

En 1964, la Universidad Veracruzana publicó su libro de cuentos *La semana de colores*.

Escala cromática

Azul

En el diario que escribió cuando era adolescente, menciona varias veces estar vestida de azul. Azul era el vestido que usaba cuando conoció a Paz y por eso él en sus cartas la llama «güera, vestida de azul», «color azul, respiración mía». Azules son las libretas de sus diarios en España y azules son también las cartas que le manda Bioy (que solía usar un sombrero azul marino): sobres azules y por dentro tinta azul sobre papel azul cielo. También eran azules las de su amigo José Bianco; «la esperanza es azul», le dice en una carta. A Bianco, además, le escribe: «¿Te acuerdas de la hermosura de Bioy? Es raro que tenga lumbago. No sé qué es. En todo caso, esa enfermedad la veo color azul ligeramente acerado, como el plúmbago, una flor que de niña me gustaba mucho, y que cubría los muros del jardín. Muy de Bioy enfermarse de una flor».

Memorias, p. 190.

José Bianco Papers.

«¿Qué era ser feliz?», se pregunta Lucy, la protagonista del cuento «Hoy es jueves». Y «vagamente recordó días azules, días fluviales». El azul —le había dicho su padre— le venía bien porque «es para las rubias».

Cuentos completos, pp. 449 y 470.

El último episodio de *Andamos huyendo, Lola* narra la historia de una mujer llamada (o renombrada) Dionisia, que busca con desesperación una turquesa donde solía vivir. Ahí aprarece la frase: «¡Oye!, una apátrida no puede ir como vas tú, de azul!».

Andamos huyendo, Lola, p. 350.

Verde

Cuando operaron a Helena Paz en 1973, Elena Garro le escondió en el pelo, como un amuleto, un corazón verde.

Testimonios sobre Elena Garro, p. 334.

Beige

La describen muchas veces vestida de colores beige, dorado y caramelo (Paz llena en la época primera de su amor sus poemas con referencias al oro). Ella misma dice en sus diarios que le da por vestirse de blanco o de beige. Poniatowska describe su departamento en Francia de «todos los tonos de la azúcar quemada», con sillones cafés, tapetes beige y sillas de color tabaco. Dice que «Elena, en medio de puros colores que le sientan bien, es un rayo de luz; sus cabellos aureola de sol y de otoño».

El asesinato de Elena Garro, p. 126.

Arcoíris

En *Andamos huyendo, Lola*, uno de los personajes clasifica los recuerdos en colores:

Andamos huyendo, Lola, p. 338.

> Sí, su memoria perdida era azul, sembrada de torbellinos de nieve, de ventiscas, de astillas de cristal y espirales de granizo. Tal vez existan memorias de colores diferentes. Había memorias verdes como madreselvas y memorias rojas como los trajes de los cardenales. También había memorias amarillas como los girasoles o las túnicas de los monjes budistas. Ella los había visto y sus figuras alargadas guardaban en el centro a una mandarina congelada bajo un torrente de jacintos…

En el inquietante cuento que da título a *La semana de colores*, cada día de la semana es una mujer y es un color. Las niñas que protagonizan la historia presencian un feminicidio y la semana se les desordena y se desordenan también sus colores.

La semana de colores

Casi todos los días, *La semana de colores* es mi libro favorito de Elena Garro. Tiene su cuento más famoso, «La culpa es de los tlaxcaltecas», que puede leerse como una reescritura de la historia de la Malinche, la mujer que tradujo para Cortés durante la Conquista y que ha sido objeto de innumerables historias, mitos y leyendas en México. En «La culpa es de los tlaxcaltecas», la protagonista es una mujer que vive una doble vida en dos tiempos paralelos, en el siglo XX y durante la época de la Conquista. El cuento gira alrededor de la traición, de lo que significa la traición de las mujeres en un mundo de hombres.

En ese libro hay también un conjunto de historias que parten de los recuerdos de la infancia de Elena en Iguala: «El día que fuimos perros», «La semana de colores», «Antes de la Guerra de Troya», «El robo de Tiztla», «El duende» y «Nuestras vidas son los ríos». En estos, la percepción mágica de unas niñas se conjuga con la visión de los pueblos originarios de Iguala y dan pie a una serie de aventuras fantásticas, tan encantadoras como oscuras y perturbadoras.

El color de la muerte.

El libro tiene también algunas de las mejores historias de denuncia y crítica social de la obra de Elena, como «El árbol», «El zapaterito de Guanajuato» y «Perfecto Luna». Ha sido comparado con la obra de Rulfo, pero dice Margo Glantz que *La semana de colores* tiene una diferencia crucial con la de Rulfo: lo que hoy llamaríamos *perspectiva de género.*

El cine y las tarugadas

Fue su buen amigo Julio Bracho quien le enseñó a escribir guiones de cine. El primero que hicieron fue *Historia de un gran amor*, una adaptación de la novela *El niño de la bola*, de Pedro Antonio de Alarcón. La película le gustó. «Pues esa película en su tiempo fue bonita», dijo. Adaptó también a guion *Las ratas*, de José Bianco, y *En memoria de Paulina*, de Bioy Casares, y escribió otros guiones que tampoco se llevaron al cine, como *La escondida* y *Renuncio a la gloria*. Salvo *Historia de un gran amor*, no le gustaba ninguna de las películas que se filmaron a partir de sus obras y guiones. Archibaldo Burns llevó al cine dos de sus cuentos: «Perfecto Luna» y «El árbol», con el título *Juego de mentiras*, y ella dice haberle reclamado cuando la vio: «Ay, pero, Archi, qué tarugadas has metido aquí». En 1968, Arturo Ripstein hizo una adaptación de *Los recuerdos del porvenir*, donde cambió la Guerra cristera por la Revolución mexicana. De esta, opinaba: «Para qué me pagaron tanto dinero —se lo dije a Ripstein— para hacer

Lectura múltiple, p. 289.

Hispamérica, p. 58.

Hispamérica, p. 60.

Hispamérica, p. 59.

esta porquería, hombre, la hubieran escrito ustedes y les sale gratis». *Solo de noche vienes*, con argumento de Elena, Manuel Zeceña y Sergio Véjar, se realizó en 1965. Elena la odió tanto que no quiso que pusieran su nombre en los créditos. Tampoco le gustó *Las puertas del paraíso*, que filmó Salomón Laiter a partir de un guion que escribió Elena, basado en *Reencuentro de personajes*. Ni siquiera quiso ver la película, se espantó nomás de leer las reseñas en los periódicos. En 1958, escribió junto con su amigo Juan de la Cabada el argumento para la exitosa película *Las señoritas Vivanco*, donde actúan Sara García y Prudencia Grifell, llamadas «las abuelitas del cine mexicano». Sobre esa película contó: «Era un script realmente gracioso, pero llamaron a una señora a la que quise mucho, muy buena, muy decente, muy moderada, pero que era lo opuesto al sentido del humor, y ella le echó unas tijeras de acero, lo volvió todo circunspecto y aburrido». La señora —que a mi parecer tenía un gran sentido del humor— era la escritora Josefina Vicens. Sobre la relación entre estas dos enormes autoras no encontré ningún otro dato.

Hispamérica, p. 60.

La causa de Madrazo

De vuelta en México, Elena empezó a rodearse de políticos. Entre ellos estaba Luis Echeverría, el secretario de Gobernación, al que conocía desde su adolescencia porque había sido novio de su hermana. Por un lado Elena se acercaba al poder y por el otro seguía ayudando a sus amigos estudiantes y activistas, escondía heridos y refugiaba perseguidos en su casa.

Se reencontró con su amigo de la preparatoria Carlos Madrazo, que había sido gobernador de Tabasco y por entonces era presidente del PRI. Madrazo estaba tratando de impulsar las elecciones democráticas dentro del partido, que el candidato a la presidencia se eligiera mediante una elección y no por dedazo del presidente, como se hacía hasta entonces, pero se enfrentó a tal oposición que decidió hacer su propio partido, Patria Nueva. Elena se volvió su aliada y confidente. Escribía elogiosos artículos sobre él para la revista *Siempre*, lo entrevistó, trataba de darlo a conocer en el extranjero. Madrazo la invitaba a reuniones secretas y la involucraba en sus planes del nuevo partido. La energía y la pasión que había volcado a la defensa de los campesinos las dedicaba ahora a la causa de Madrazo. Como resultado de esa asociación, empezó a ser amenazada, acosada y acechada. Las páginas que sobreviven de su diario de 1967 (hay varias páginas arrancadas) son una novela negra con todo y persecuciones, huidas frenéticas y balaceras.

Sobre Madrazo dijo en una entrevista:

Lectura múltiple..., pp. 204-205.

RPV: Entre los amigos de Elena Garro estaba Madrazo.
EG: Sí. Madrazo era tan brillante, tan generoso, tan inteligente... No puedes querer a un idiota. En general mis grandes amigos han sido siempre inteligentes. Él tenía... ¿cómo se dice esa palabra que ahora anda de moda?
RPV: Carisma.
EG: Muy carismático. Con él aprendí a creer en la democracia. Yo no creía en la democracia, pero como él sí tenía la convicción, me lo metió en la cabeza. Luego él murió, ha pasado el tiempo y yo aún no creo en la democracia.

Una de espías

Elena inventaba mucho, pero también era muy sucedida y de sucesos inverosímiles. El 30 de septiembre de 1963, Elena fue a una fiesta a regañadientes, porque iban a ir «puros comunistas». Fue para acompañar a su hermana Deva (una de las comunistas) y a Helena Paz. La anfitriona era Silvia Tirado de Durán, secretaria en la Embajada de Cuba. A la fiesta asistió también un ciudadano estadounidense rubio que Elena identificó después como Lee Harvey Oswald. Dijo también que el rubio tenía un romance con Silvia Tirado (ella lo negó). Después del asesinato de John F. Kennedy, las Elenas identificaron como el asesino, en las imágenes de las noticias, al rubio que había bailado twist en la fiesta, y fueron a la embajada de Cuba en México, a gritarles a los diplomáticos «asesinos» y otros insultos.

Lectura múltiple…, p. 148.

«Espionaje a los intelectuales en los sesentas», p. 29.

Su amigo Manuel Calvillo les sugirió a las Elenas esconderse, y lo hicieron en el Hotel Vermont, por una semana. La historia se la contó Elena a su amigo, el diplomático Charles William Thomas, sin saber que era

«La dama misteriosa, Elena Garro y el asesino de Kennedy».

agente de la CIA y que la tenía en la mira por considerarla, precisa e irónicamente, comunista. El tal Charles lo consignó todo en el «archivo 201». Escribe sobre Garro que «tiende a romantizar los acontecimientos al reportarlos y hace difícil, a veces, determinar el grado de credibilidad y la verdadera utilidad de la información que de ella extraemos». Un año después del asesinato, las Elenas fueron con un agente de la CIA a declarar que habían visto al asesino en la fiesta del twist. Silvia Tirado fue detenida e interrogada, y se dice que odió a Elena de ahí en adelante. Eventualmente la CIA decidió desestimar las declaraciones de las Elenas, pero una serie de documentos desclasificados en 2020 han venido a secundar la versión de que no mentían.

«Espionaje a los intelectuales en los sesentas», p. 29.

Por su parte, en 1963 la Dirección Federal de Seguridad de México comenzó a espiar a Elena, sin que ella lo supiera, y a redactar reportes sobre su activismo.

1968

1 de mayo de 1968

Elena escribió que ese día el actor Renato Salvatori, delante de la actriz Susana Dosamantes, le dijo que huyera, que le preparaban una trampa mortal.

Testimonios sobre Elena Garro, p. 457.

Julio

En México surgió un movimiento de las principales universidades en contra de la represión del Estado. El movimiento fue creciendo y empezó a cuestionar no solo la represión, sino también el autoritarismo y las políticas sociales y económicas del gobierno de Gustavo Díaz Ordaz. Se organizó una huelga estudiantil y el Consejo Nacional de Huelga convocó a marchar el 13 de agosto.

14 de agosto

Elena Garro y Helena Paz fueron invitadas por Carlos Monsiváis a una sesión de la Asamblea de Intelectuales, Artistas y Escritores en el Auditorio Justo Sierra de la Facultad de Filosofía y Letras de la UNAM. De esa reunión contó Monsiváis:

Debo olvidar que existí, p. 40.

> Me siento casi a salvo, cuando pide la palabra Helena Paz: «¿Qué vamos a hacer con lo que está pasando? Matan a los estudiantes, los encierran en la Secretaría de Gobernación. A nosotras nos invitaron a oír sus quejas y gritos, pero no nos dejaron entrar. ¿Por qué no se hace una comisión para ver si siguen allí presos? Ya sé por qué no. Los intelectuales son unos oportunistas, pancistas unos, le tienen miedo a perder la chamba, adoran el huesito».
>
> ¿Qué hago? Sereno, flemático, me doy cuenta que no se me ocurre nada. Pide o exige la palabra la poeta Norma Bazúa y se lanza contra Elena Garro y Helena Paz, a las que critica sin medida. Elena se levanta y contesta: «Yo no sé quién es esta señora y lo que dice no me importa. A mí me invitaron a una reunión de intelectuales, pero veo que son los mediocres de siempre, que discuten y discuten y cuando llegan a una conclusión hace tres años que terminó el problema. ¿Qué van a hacer, o qué vamos a hacer con los muertos sin sepultura?».

Contaba Elena que después de esa reunión ella apoyó más de una vez con dinero para sacar jóvenes del movimiento de la cárcel y escondió en algún momento hasta a cuatro estudiantes. Pero Madrazo le dijo que no firmara los manifiestos y ella «no tenía muchas ganas de firmar» y no firmó.

Testimonios sobre Elena Garro, p. 273.

Lectura múltiple..., p. 152.

Alguna noche de agosto

Uno de los líderes del CNH, Sócrates Campos Lemus, se reunió con Elena. Ella contaba que se había aparecido a medianoche en su casa de las Lomas, que llevaba acompañantes armados, que la subieron a un auto que la condujo hasta el exterior del cine Diana, en Paseo de la Reforma. Dijo que Campos Lemus quería pedirle que intercediera para que Madrazo se uniera al movimiento estudiantil, ella dijo que pasaría el mensaje pero que no iba a intervenir a su favor. Estaba convencida de lo que le había dicho Madrazo: que el movimiento iba a perjudicarlo en su candidatura a la presidencia.

Lectura múltiple..., p. 307.

17 de agosto

Elena publicó un artículo titulado «El complot de los cobardes» en la *Revista de América*. Ahí aseguraba que el movimiento estudiantil era orquestado por un grupo de intelectuales para manipular las elecciones de 1970, quizás para buscar una alianza con la Unión Soviética, para instaurar una dictadura comunista. Los intelectuales —a los que Elena siempre había criticado de hipócritas, miedosos y convenencieros—, según ella, manipulaban a los estudiantes, los lanzaban de carne de cañón y se quedaban luego tan tranquilos, escribiendo desde sus casas.

23 de septiembre

La ingobernable, p. 80.

Su amigo Virgilio Salmerón, un campesino de Oaxaca, le dijo que había escuchado a alguien decir en la Cámara de Diputados que se la iban «a chingar». En su casa cortaban la luz, aparecían individuos que amenazaban a las trabajadoras del hogar, quienes ante el acoso terminaron por renunciar.

A finales de septiembre entró a trabajar a su casa un hombre llamado José. Las Elenas decidieron que a José lo estaban sobornando. Ese día, en lo que Elena quemaba los expedientes que tenía de las luchas campesinas, encerró a José en un cuarto. Llevó el resto de los papeles con una amiga suya y cuando volvió José ya no estaba, y había señales de que alguien más había entrado a la casa. Elena contaba que entonces sonó el teléfono, contestó y escuchó una voz que se le hizo conocida. La voz la amenazó:

La cuarta casa.

> ¿Eres tú, Garro, hija de la chingada? Sí, soy yo, y quién me habla. Bueno me empezó a insultar y a decir que

me iban a hacer y a tornar y no sé qué. Le dije: oye, me parece muy cobarde estar amenazando y no decir quién eres. Sabes muy bien quién soy, cabrona. Pues total, después de esa conversación colgó el individuo y yo descolgué para pedir auxilio a la policía, porque no soy héroe. Y el teléfono estaba cortado, estaba muerto. Ah, me dijo: vamos a volar tu casa. Aquí estamos en la esquina. Entonces le dije a Helena, vámonos, y cogimos nada más las bolsas y salimos corriendo. A la vueltecita había un salón de belleza y ahí me metí. Esa peluquería daba a una casa privada. Me llevó al interior de esa casa.

29 de septiembre

Se refugiaron en Lisboa 17, en la pensión de la española María Collado, viuda del tío de Elena.

2 de octubre

El Consejo Nacional de Huelga convocó a un mitin del movimiento estudiantil en la Plaza de las Tres Culturas. La congregación fue reprimida con disparos de soldados y agentes encubiertos. Hubo cientos de muertos y de heridos, decenas de detenidos e incontables desaparecidos. Los medios internacionales que estaban ahí para cubrir las Olimpiadas reportaron la masacre, que pasó a ser un escándalo mundial.

4 de octubre

Octavio Paz renunció a la embajada de India como protesta por la matanza (aunque técnicamente lo que hizo fue pedir licencia y mantuvo sus privilegios diplomáticos).

5 de octubre (mismo día en que Isabel Moncada, personaje principal de *Los recuerdos del porvenir*, se convierte en piedra, una coincidencia que a Elena siempre la perturbó)

Sócrates Campos Lemus, miembro del Consejo Nacional de Huelga, durante una conferencia de prensa desde la prisión del Campo Militar Número Uno, dijo que Elena, a nombre de Madrazo, le ofreció dinero y apoyo político, que ambos buscaban derrocar al gobierno de Gustavo Díaz Ordaz.

6 de octubre

En los periódicos se dijo que Elena, Carlos Madrazo y el político Humberto Romero habían organizado la rebelión estudiantil.

Debo olvidar que existí, p. 16.

Elena cuenta que marcó a la Secretaría de Gobernación. Como era domingo, le contestó un barrendero y le dijo que no había nadie. Marcó a la Dirección Federal de Seguridad y otro barrendero le dijo lo mismo.

Llamó a Carlos Madrazo. Él le propuso que hablara ella primero con la prensa.

Helena Paz le pidió a la ayudante de María Collado que comprara tinte negro marca Miss Clairol y las dos se tiñeron el cabello.

Mientras que un huésped apellidado Echauri les sugería que atacaran a Sócrates, entró una llamada por teléfono. La voz en el auricular amenazó con volar la casa donde tenían a «esas dos cabronas».

Debo olvidar que existí, p. 16.

María les ordenó a madre e hija que se fueran. Ellas la ignoraron.

Helena Paz llamó a la redacción de *Novedades* para que enviaran a un reportero. Elena dijo que Sócrates mentía y pidió un careo con él.

Los periodistas se marcharon y los huéspedes españoles dejaron la pensión por miedo a ser expulsados del país.

Las Elenas llamaron a las redacciones de todos los periódicos. Llegaron periodistas de *El Universal*, *Excélsior*, *La Prensa* y otros diarios. Óscar del Rivero, del periódico *El Universal*, escribió que ella le dijo: «No son los estudiantes los verdaderos responsables de la agitación contra el gobierno del presidente Díaz Ordaz, sino un grupo de más de 500 intelectuales mexicanos y extranjeros, la mayoría de ellos escudados en altos empleos en la Universidad Nacional Autónoma de México y del Politécnico». Y también: «Esos intelectuales de extrema izquierda que lanzaron a los estudiantes a una

Diálogos con Elena Garro, p. 325.

Diálogos con Elena Garro, p. 327.

loca aventura, que ha costado vidas y provocado dolor en muchos hogares mexicanos».

En las citas de Del Rivero hay varios nombres y apellidos: Luis Villoro, Jesús Silva Herzog, José Luis Cuevas, Leonora Carrington, Ricardo Guerra, Carlos Monsiváis y algunos más. Aunque descalifica al movimiento, en esas declaraciones Garro admite haber estado en contacto con los estudiantes, haber recibido en su domicilio y haber protegido y escondido a uno o más heridos. En cierto párrafo del artículo, habla en plural, incluyéndose entre los «intelectuales», cuando dice: «Yo misma al ver los funestos resultados de los sucesos de Nonoalco Tlatelolco, les hablé a varios de ellos pidiéndoles que asumiéramos nuestra responsabilidad por los cientos de jóvenes detenidos y que nos presentáramos ante la Procuraduría de Justicia, pero ninguno de ellos quiso hacerlo».

Diálogos con Elena Garro, p. 327.

Elena siempre aseguró que ella no dio los nombres de esos «500 intelectuales», que no dio ningún nombre. Cuando le preguntaron quién estaba detrás del movimiento, ella aseguraba que responsabilizó a quienes habían marchado y firmado los desplegados: «Los intelectuales firmaron muchos manifiestos, yo jamás. Allí están sus nombres».

Diálogos con Elena Garro, p. 323.

Al terminar sus declaraciones, Elena llamó a Gobernación y a la DFS para que fueran a detenerla. Marcó ahí mismo, frente a los periodistas: «Habla Elena Garro. Insisto en que vengan a aprehenderme. Que me fusilen si soy culpable».

Diálogos con Elena Garro, p. 322.

Cuando los periodistas se fueron, María Collado volvió a pedirles a las Elenas que se fueran de la pensión. Ellas se negaron.

En eso tocó a la puerta un militar, el capitán Salazar, que les ordenó quedarse en la pensión y le ofreció a Elena su pistola para protegerse. Elena rechazó la oferta. «Usted la necesita más que yo. Solo tiene a todo el Ejército y a la policía de su lado». Antes de salir del departamento, el militar agregó: «Señora, huya. Está perdida».

Debo olvidar que existí, p. 23.

7 de octubre

Elena apareció en las primeras planas de los periódicos; «Culpa Elena Garro a 500 intelectuales», dijo *El Universal*. También se publicaron caricaturas burlándose de ella.

Carlos Madrazo desmintió en otra rueda de prensa las declaraciones de Sócrates. No mencionó a Elena Garro. Declaró que en ningún momento había tenido contacto con el movimiento y que jamás se hubiera prestado «a colaborar para que se enfrentara la juventud con el ejército».

Diálogos con Elena Garro, p. 320.

La mejor narración y la más detallada de lo que sucedió después ese día se encuentra en el libro *Debo olvidar que existí*, de Rafael Cabrera. Ahí se cuenta que al departamento de María Collado llegaron reporteros extranjeros a los que Elena reiteró no estar detrás del

Debo olvidar que existí, pp. 26-29.

movimiento. Después aparecieron dos agentes de la DFS, Soberón y Mayorga, que la detuvieron y se la llevaron. Cuando preguntó por qué se la llevaban, respondieron que por su propia seguridad, porque los comunistas la querían matar.

La trasladaron a las oficinas de la DFS, al despacho de Fernando Gutiérrez Barrios, a quien Elena ya conocía y admiraba, y él se rio al ver su cabello teñido.

María Collado le pidió a Helena Paz que se fuera. Pasaron por ella sus amigos, trataron de esconderla en el multifamiliar Miguel Alemán, pero después de la matanza de Tlatelolco estaba rodeado de policías. La llevaron a casa de su abuela paterna, que no quiso aceptarla por «sinvergüenza comunista». La llevaron entonces a la Secretaría de Gobernación, donde Helena pidió que la apresaran junto con su madre. Accedieron. De camino pasaron a recoger a sus gatos, su perra y algo de ropa. Dejaron a los gatos y a la perra en casa de María Collado. Madre e hija se reunieron y fueron trasladadas de nuevo a la DFS y más tarde al hotel Casa Blanca.

Debo olvidar que existí, p. 80.

22 de octubre

Desde el hotel donde las tenían recluidas y vigiladas —por uno al que llamaban «el Tortugo» y otros agentes— Elena le mandó un telegrama a Bioy Casares pidiéndole que juntara las firmas de algunos escritores argentinos para enviar un mensaje de apoyo al gobierno de México. Él y Borges lo firmaron, Silvina Ocampo no quiso. Helena Paz diría después que en el hotel las drogaban con barbitúricos. Elena dijo que constantemente trataban de extorsionarla para que declarara en contra de Madrazo, pero que ella nunca cedió. También contó que amenazó con matarse para que las soltaran.

Elena Garro: los recuerdos sin porvenir, p. 88.

Lectura múltiple..., pp. 305-306.

23 de octubre

Se publicó en el periódico una carta de Helena Paz dirigida a su padre, reclamándole su responsabilidad y la de los «intelectuales» en la tragedia del 2 de octubre. Helena señaló como culpables a Monsiváis, Rosario Castellanos, Luis Villoro y al mismo Octavio Paz. Helena Paz dijo después que sostenía lo que había escrito en esa carta, que la escribió en parte porque lo pensaba y en parte por miedo a que les hicieran algo. Contó también que el presidente Gustavo Díaz Ordaz le dijo: «Mire, Helenita, por los informes de Gutiérrez Barrios y de Echeverría, yo le iba a dar 30 años de cárcel a su mamacita si no hubiera sido por esa carta». La misma DFS mandó la carta al *Universal* y la Secretaría de Gobernación pagó para que la carta fuera traducida y publicada en inglés y francés.

Debo olvidar que existí, p. 80.

29 de noviembre

Regresaron a la pensión de María Collado. Estaban en una habitación con teléfono restringido. Las vigilaban

Fernando Gutiérrez Barrios y otros dos agentes. Los intelectuales ya estaban respondiendo a las declaraciones de Elena: Carlos Monsiváis la llamó «la cantante del año» y el pintor José Luis Cuevas dijo que había padecido un «súbito ataque de locura». Sobre esto, décadas después, Elena dijo:

Lectura múltiple..., p. 212.

> Tenía miedo y el miedo puede conducir a decir y hacer extravagancias. Si dije que el rector era muy culpable porque había sacado los muchachos a la calle, Cuevas tiene razón cuando afirma que sufrí un súbito ataque de locura. Provocado por el pánico, pero ataque de locura. Debo haber dicho esas palabras, pero pido disculpas al rector por ellas. A Cuevas nunca le tomé a mal lo de mi súbito ataque; me dio mucha risa y me sigue dando. ¡Qué caray!, todavía me acuerdo del susto de esa mañana: se me quedó grabado como una foto en la mente. Pero había miedo en la ciudad...

1969

15 de enero

Murió su perra Agripina, probablemente envenenada.

16 de enero

Helena Paz adoptó dos gatos.

20 de enero

Murieron los gatos, probablemente envenenados. Esa segunda estancia en la pensión de María Collado la narró en su obra *Sócrates y los gatos*.

22 de enero

Se fueron de la pensión. A partir de esa fecha, se volvieron fugitivas:

Lectura múltiple..., pp. 309-310.

Me fui corriendo a casa de una amiga y no me recibió. A casa de otro amigo y no me recibió. Entonces a casa de un sobrino, que no estaba, y la prima me recibió. Allí me quedé unos días y empecé a ver que llegaban los de la Federal. Entonces me regresé a la Federal. Dije: «Mejor que me maten a la buena, no como rata cazada, así, en una calle». Luego de ahí me sacaron a otro hotel y de allí un día salí y ya no volví. Me fui a un convento, allí en la [colonia] Florida.

4 de junio

Debo olvidar que existí, p. 148.

Murió Carlos Madrazo. Iba en el vuelo 704 de Mexicana de Aviación. Su muerte se atribuyó a un accidente, a que el avión se había estrellado con el cerro de Tres Picos de la Serranía del Fraile. Testigos en tierra dijeron que habían visto explotar el avión antes de chocar. Los sobrinos de Elena quisieron esconderla en una casa a las afueras de la ciudad, con una mujer llamada Carmela. Cuando llegaron, Carmela estaba drogada y trató de apuñalarla. Salieron huyendo.

Testimonios sobre Elena Garro, p. 405.

Según un relato retrospectivo de su diario, antes del funeral de Madrazo, la llamó Gutiérrez Barrios —asumiendo que ella iba a organizar el funeral— y le ordenó que no hiciera un entierro multitudinario, que fuera prudente. Su amigo César Tosca la vio llorando y le aseguró que a Madrazo lo habían asesinado, que el exsecretario del Che Guevara le explicó cómo fue el sabotaje en el avión que lo mató.

En el funeral había muy poca gente. Por la noche salieron de la funeraria en un taxi y un coche negro sin placas empezó a seguirlas. Elena le pidió al taxista que se detuviera cerca del Hotel de México para despistar a sus perseguidores. Ahí se bajaron del coche sin placas unos hombres con pistolas. Helena Paz salió del auto y Elena le dijo que se volviera a subir y se arrancaron. Volvieron a la funeraria. El director de la funeraria les dijo que a Madrazo lo había matado una bomba, que no habían quedado restos, solo hilachos de piel y fragmentos de huesos. Escondió a las Elenas en el refrigerador de los cadáveres y ahí entre los muertos pasaron la noche. Cuando llegó la gente del cortejo, salieron por la puerta trasera.

Verano

Se hospedaron en varios hoteles del norte del país, sin dinero. Algunos buenos samaritanos las acogieron, las llevaron y les pagaron el hospedaje:

> Me pasaban la cuenta, la pasaban y yo no [la pagaba]. Un día me mandó llamar el director y me dijo: «Ud. es Elenita Garro, ¿verdad?». Le dije, sí. «Y no tiene con qué pagar el hotel». «No, no tengo». «No importa, yo

Lectura múltiple..., pp. 309-310.

también soy madracista. Quédese el tiempo que quiera». Y me quedé.

Debo olvidar que existí, pp. 153-160.

Adoptaron dos nuevos gatos, Serafín y Úrsula, que perdieron en el tren de vuelta a la Ciudad de México. Elena anotó un par de veces llamadas que hacía a Gutiérrez Barrios, donde parece haberles dicho que no volvieran. Anota también que el mismo Gutiérrez Barrios las perseguía y las encontró en un hotel de Torreón, pero lograron escaparse y llegar a El Paso, Texas.

Se fueron a Nueva York. Regresaron poco después a México. Cuando la cosa se calmó un poco y pudieron juntar dinero, se instalaron en un departamento en Polanco, en Taine 220, donde vivieron hasta 1972.

1972

Debo olvidar que existí, p. 177.

La cuarta casa.

Un día, Raúl Urgellés, un estudiante amigo suyo, fue a visitar a Elena y le contó que había oído rumores de que iban a asesinarla. Esto coincidió con que a Helena Paz le diagnosticaron cáncer y Roberto Garza, un amigo médico, le dijo a Elena: «Sácate a la Chatita de México porque la política llega hasta la mesa de operaciones».

29 de septiembre de 1972

El día de su querido San Miguel Arcángel (la misma fecha en que cuatro años antes tuvieron que escaparse por la amenaza de bomba), cruzaron la frontera con Estados Unidos. Elena dijo que tenía una orden de arraigo y por eso tuvieron que cruzar como migrantes indocumentadas. En sus diarios contó que el chofer que las llevaba por el desierto se perdió cerca del Cerro del Fraile, donde murió su amigo Madrazo, y se les ponchó una llanta. La cambiaron entre Elena y el chofer, de apellido Moreno. Para paliar el miedo en la oscuridad del desierto, Moreno le pidió a Elena que cantara algo y ella se puso a cantar canciones mexicanas. Se suponía que Moreno no sabía su nombre, pero Elena vio que adelante llevaba una copia de *Los recuerdos del porvenir*, y que en la foto de autora la había reconocido. Una vez en la frontera, las esperaba un soldado que tenía indicaciones de cruzarlas, y lo hizo sin contratiempos.

Testimonios sobre Elena Garro, p. 358.

El ruido y la furia

1968 marca la expulsión de Elena de la cumbre de las élites. Su descenso del Olimpo. Es un año fundamental, el clímax dramático de su vida y yo leí muchas veces con cuidado todo lo que encontré sobre ese episodio, pero seguía sin entender qué carajos había pasado. Traté de tener paciencia. Me dije que seguramente era cosa de ordenarme, de hacer fichas, listas, calendarios. Pero por más que lo intenté, por más que me acercaba, me alejaba y le daba vueltas, no terminaba de entender. Quise buscar en esa historia un cuento policiaco y me encontré, en vez, con una mezcla de azar, violencia, caos, intrigas, malas decisiones y pésima suerte. Como diría Shakespeare, un cuento lleno de ruido y de furia.

Más reflejos

En 1968, mi abuelo paterno, Alfredo Barrera —hijo de ese bisabuelo que trabajaba con Paz en Yucatán— era director del Museo de Historia Natural en la Ciudad de México. Mi abuela, Isabel Bassols, la hija de esos otros bisabuelos —los que aparecen comiendo y platicando en la foto con Elena y Paz—, era maestra del Instituto Politécnico Nacional y estaba involucrada en el movimiento estudiantil. Alfredo había escuchado rumores unos días antes de la masacre del 2 de octubre y le prohibió a Isabel que fuera a la marcha de ese día, pero ella fue de todas formas. Estaba con su hermana Aurelia en Tlatelolco cuando comenzó a llover. Todos los sábados, Isabel —de estatura tan baja que le decían «la Hormiga Atómica»— iba al salón de belleza y se hacía un peinado alto y voluminoso. Al caer la lluvia, se fue a refugiar bajo el techo del edificio Chihuahua, para que el agua no deshiciera su peinado. Su hermana no (quizás la lluvia estaba leve al principio y le pareció exagerado). No sé por qué se separaron, pero la historia dice que Aurelia se resguardó después en una refaccionaria con varias personas más. Cuando empezaron los balazos, bajaron la cortina, pero los soldados los encontraron. Los hicieron salir formados en medio del tiroteo. Isabel escuchaba cómo iban cayendo algunos de la fila frente a ella. No veía a Aurelia, y corrió a buscarla a casa de su madre, Clementina, que vivía cerca de ahí. Alfredo supo que había pasado algo en Tlatelolco. Llegó esa tarde a su casa, no vio a Isabel, se dio cuenta de que había ido a la marcha y fue a buscarla entre los heridos y los muertos. Como no la encontró, la creyó muerta y regresó a su casa destrozado. Ahí estaba Isabel, a salvo. Su hermana también se había salvado. Mi abuela le contó la historia a mi tía Dalia una sola vez y no quiso volver a hablar del tema. Después del 2 de octubre, en lo que se calmaban las tensiones políticas, Alfredo se fue solo del país por varios meses. Las cosas no volvieron a ser las mismas en mi familia ni en miles de otras familias mexicanas después de ese día.

Los argumentos de Elena en contra del movimiento estudiantil están basados en sus prejuicios, alianzas y manías. Cuando acusó a los «intelectuales», a esos «empleados de la UNAM y del Politécnico» —como mis abuelos— sin nombrarlos o nombrándolos, a propósito o siendo manipulada, los convirtió en el chivo expiatorio de un movimiento masivo, regido por un descontento generalizado. A raíz de sus declaraciones, varias personas tuvieron que esconderse o salir del país.

No me atrevería a defender sus palabras, sus actos imprudentes e insensibles. Pero ahora comprendo mejor el estado mental en el que estaba Elena cuando Sócrates la acusó. Jamás disculparía lo que hizo, pero ahora entiendo por qué.

Carta astral

En *Protagonistas de la literatura mexicana*, Elena explica la personalidad de su hija a partir de su signo del zodiaco. Era sagitario, y dice Elena que eso significa que era «viajera, aventurera y payaso del zodiaco». Dice que su ascendente géminis «le da doble personalidad, la hace cerebral, mental e inteligente». La conjunción Luna Venus en su carta la hacía «una *glamour girl*, amante de la luna, los salones de belleza, los perfumes, los estanques, los lagos, los colores pastel, las sedas y la poesía». Júpiter y Marte en la Décima Casa le auguraban una «gran carrera militar». Neptuno en la Cuarta Casa indicaba que:

Protagonistas..., p. 477.

> alguno de sus padres, o los dos, es peculiar. Neptuno está «afligido» y esta aflicción produce relaciones familiares confusas en un entorno familiar caótico. Este aspecto de Neptuno provoca en la casa natal secretos de familia y «esqueletos en el armario». También indica que el sujeto ama vivir cerca del agua. La posición de Urano señala exilio político y destierro.

Para seguir con mis adivinaciones del pasado, decidí consultar a una astróloga llamada Dominique. Le pedí que me leyera la carta astral de Elena Garro, que también era sagitario. Se tomó algunos días para estudiarla y ahora se reúne conmigo.

Me explica que Elena era ascendente leo, con la Luna en cáncer. En su carta astral predomina el fuego y falta el aire, que representa la parte racional. Eso puede tener como consecuencia una falta de objetividad, problemas de percepción y al mismo tiempo una capacidad intelectual aguda. Tolstói, Dumas y Hemingway no tenían aire en su carta, dice Dominique, tampoco Marlon Brando.

En su carta, encuentra falta de satisfacción y relaciones difíciles, pesadas. El ascendente influye mucho en las cualidades más evidentes, y como leo rige el Sol hay algo muy solar en ella. Necesidad de alcanzar poder, de tener autoridad y expresarse creativamente son algunas de las características de leo. También pueden ser exhibicionistas, generosos, extravagantes y orgullosos. Para Dominique está claro por qué la relación con Paz era difícil: porque él era aries con ascendente sagitario. Los dos hablaban el idioma del fuego. ¡Y para colmo, Paz tenía a Plutón en la casa 7, la del matrimonio! Plutón, me dice, te saca lo peor. Elena habría necesitado una pareja que fuera de algún signo de agua.

Hay, dice Dominique, algo muy infantil en esta carta. Los sagitarios son así, medio pueriles, suelen sentirse superiores. También son aventureros y viajeros, les gusta exponerse a otros mundos. Su Luna en cáncer la hace empática, emocionalmente inestable, cambiante, abundante y protectora. Tiene a Júpiter en la casa 9, algo común entre políticos y escritores. Está Mercurio en oposición a Plutón, lo que hace que nunca esté satisfecha con el valor aparente de las cosas, que sea muy suspicaz y tenga mente de detective. Por eso también le atrae lo secreto, lo misterioso, lo esotérico. Por eso, seguramente, le gustaban el tarot y los horóscopos.

Mejores que los poetas

Sobre la relación de Elena con los animales en general y los gatos en particular podría escribirse un libro entero. Cuando era niña, su abuelo Tranquilino la llamaba Leona. Desde adolescente era vegetariana y contaba que Paz la reñía por eso, le decía que Hitler también era vegetariano. Una de las peores peleas de Elena con la madre de Paz fue porque —según cuenta en su diario y en entrevistas— su suegra mató al gato Moshi Moshi, que Elena se había traído desde Japón. A su llegada, Paz insistió en que el gato no podía compartir con ellos el departamento al que llegaron en Ciudad de México porque era muy pequeño, así que se lo dieron a la madre de Paz y ella un día lo colgó de un árbol de durazno. Elena decía que era un gato tan listo que aprendió a usar los excusados en el barco de Japón a México, y que le gustaba que le tiraran bolitas de migajón.

Memorias de España 1937, posición 792 de 1629.

Andamos huyendo, Lola, p. 322.

Testimonios sobre Elena Garro, pp. 206-208.

En el deambular de Elena, sus gatos iban siempre con ella. Tuvo algunos gatos célebres, como Humitos

Madrazo, a quien nombró así en honor de su amigo Carlos Madrazo. Como Úrsula y Serafín, dos gatos que perdió y que convirtió en personajes de sus libros. Y también Petrouchka y Lola, la gata que dio nombre a una de las protagonistas de *Andamos huyendo, Lola*. Hay episodios en ese libro narrados desde el punto de vista de los gatos y, cuando no, la narradora describe sus actitudes, sus sensaciones y reflexiones con la misma atención que dedica a los personajes humanos. Elena le escribió a Lola un poema cuando se murió, una elegía en la que dice: «¿Cómo voy a dormir / si no te subes a saltos a mi cama?».

Cristales de tiempo, p. 239.

A la pensión donde se escondieron después de la matanza de Tlatelolco, las Elenas llevaron dos gatos. Salieron huyendo luego de que alguien los envenenó. Sobre esto escribió la obra de teatro llamada *Sócrates y los gatos*, donde dice una de las protagonistas: «creo que soy ellos o que ellos se sacrificaron por nosotras. No sé… Tú decías que Humitos era tu doble o tu otro yo…».

Teatro completo, p. 333.

Después de la debacle del 68, en los meses siguientes en que estuvieron escondiéndose, lograron, de todas formas, adoptar algunos gatos. Cuando otra vez salieron huyendo y no hallaban qué hacer con ellos, Elena decidió mandar a Maxi, Lafitte, Ana María y Tony a Argentina, donde Bioy Casares vivía muy cómodamente. Allá Bioy los recibió, pero a Silvina no le gustaban los gatos, ella era gente de perros, y los mandó a una pensión. Bioy le mintió a Elena que los había llevado a su casa de campo, pero incluso eso a ella le pareció una traición. En entrevistas dijo que en ese instante se desenamoró de Bioy. Veinte años de cariñosa, cuando no apasionada, correspondencia se terminaron ahí mismo.

La hermana menor, p. 102.

Hay un capítulo de *Andamos huyendo, Lola*, «Las cuatro moscas», donde la protagonista juega a ser mosca, y otro cuento en *La semana de colores*, «El día que fuimos perros», en que las protagonistas pretenden ser perros. Elena también tuvo perros queridos y los perros también aparecen en su obra. Por ejemplo, en *Andamos huyendo, Lola*, donde el personaje de Lelinca denuncia a un hombre por maltratar a su perro. Pero en su vida y en sus obras los gatos superan a los perros y a las moscas (eso pienso, aunque en el mundo hay muchas moscas y nadie las cuenta).

Durante el exilio en Nueva York las Elenas se hicieron de Lola y Petrouchka, los gatos que las acompañaron hasta España. Tenían que esconderlos en los hoteles y muchas veces las echaban cuando los descubrían.

Lectura múltiple..., p. 158.

En su regreso a México en 1993, el Estado tuvo que condonarle los impuestos por los trece gatos que llevó consigo en el avión. El diminuto departamento en Cuernavaca donde vivió sus últimos años estaba invadido por completo por los gatos. Ella sabía reconocerlos, a los trece, por el sonido de sus maullidos.

Lectura múltiple..., p. 158.

Poniatowska, *Obras reunidas*, p. 97.

Decía que los gatos eran mejores que los poetas: «son divinos, son poéticos en cada movimiento y no quieren ganar ni dinero ni becas con eso, como los poetas».

Sus manuscritos, sus diarios y sus cartas tienen manchas cafés y huelen, hasta el día de hoy, fuertemente a orines de gato.

Son los animales los que en sus diarios la hacen dudar de la existencia de Dios y de su catolicismo. Por ejemplo, cuando cuenta que su gata Güendolina tuvo cuatro gatitos, tres rubios y uno blanco, y uno de ellos, Mario-María, tuvo una trágica muerte a días de haber nacido: «Estas cosas me hacen dudar de Dios. ¿Cómo lo permite?». Y sigue: «Nunca me gustó del catolicismo eso de que los animales no entran al cielo. ¿Y entonces adónde entran? Vaya soberbia de los hombres».

Testimonios sobre Elena Garro, p. 476.

José Bianco Papers.

«Ya solo me interesa la suerte de los animales y solo me reconozco en ellos», le dice en una carta a José Bianco.

Teatro completo, p. 390.

«Los cielos que me esperan están en los ojos de los animales», dice esa frase de *Parada San Ángel* que repito porque me parece hermosa.

Juntar palabras

Para Elena, ser escritora no fue nunca el plan A, ni el B ni el C tampoco. «Yo quería ser bailarina o general», le dijo a Emmanuel Carballo. «La idea de sentarme a escribir en vez de leer me parecía absurda». Lo que le gustaba era leer, y por eso es que su padre la animaba a que escribiera.

Protagonistas…, p. 477.

La escritura, sin embargo, surgía del mismo lugar que el teatro y el baile: un paisaje íntimo y a la vez amplio, que ella describía así: «En la única libertad que creo es en un espacio abierto dentro de nosotros mismos, el único espacio libre que nos queda para soñar, pensar y crear».

Teatro completo, p. XXXIII.

Y a la escritura se entregó, en todos sus géneros. Escribió poesía (por varios años a escondidas, pues dijo que Paz se lo prohibía, la hacía quemar sus poemas o los reescribía él si le gustaba la idea y los firmaba), teatro, novela, cuento y ensayo. Reflexionó mucho sobre el lenguaje y la escritura:

Elena Garro: los recuerdos sin porvenir, p. 94.

En *La dama Boba*, describe la cualidad performativa del lenguaje como un instrumento para ver en la

Teatro completo, p. 144.

oscuridad: «Ya oscurece, ya no es tiempo de hablar. Ahora tenemos que ver con los ojos en lo oscuro. Nombrar oscurecer es que oscurezca, y si uno no nombra las cosas en la noche no ve nada. (Oscurece completamente.)».

Entiende la escritura también como un juego (a veces peligroso). En el poema «Reproches a mi lengua» dice:

Cristales de tiempo, p. 124.

Tigre que juegas con las palabras a la pelota.
¡Palabras que me quitas de la boca!
Y ahondas las heridas
con tus garras que tienen la frescura
del vinagre.

La escritura también era para ella una forma de entretenerse y un trabajo como cualquier otro: «Tengo la impresión de que escribo para nadie. Pero ahora si no escribo, ¿cómo mato el tiempo? Además, he logrado comer algunos días gracias a ello».

Protagonistas..., p. 468.

José Bianco Papers.

Lo llamaba el oficio de «juntar palabras». A los escritores que no le gustaban les decía «juntapalabras», y a José Bianco en una carta le dice que: «Juntar palabras: marea».

Reconocía también las dimensiones políticas y éticas del lenguaje, el poder redentor y la necesidad de las palabras a voz en cuello, de las palabras *verdad*, *diálogo* y *justicia*, y el riesgo que implica hacerse cargo de ellas. En su obra *Felipe Ángeles*, el protagonista dice:

> No sé si alguien me haya oído, pero lo que sé es que hay que hablar en este cementerio en el que ustedes han convertido al país, en donde solo se oyen gritos y disparos. Ya sé que hablar aquí es el mayor de los delitos; aquí en donde el terror ha reducido al hombre al balbuceo. Pero yo, general, no renuncio a mi calidad de hombre. Y el hombre es el lenguaje. Y óigame bien, general Escobar, lo único que deseo es que hablen todos, que se oiga la voz del hombre, en lugar de que el hombre se ahogue en crímenes. Hay que hablar, general, aunque nos cueste la vida. Hay que nombrar a los tiranos, sus llagas, sus crímenes, a los muertos, a los desdichados, para rescatarlos de su desdicha. Al hombre se le rescata con la palabra.

Teatro completo, p. 233.

Reconocía también los peligros de las palabras que mienten y que traicionan. En el mismo poema, «Reproches a mi lengua», escribe:

> Esta lengua que duerme dentro de mi boca
> ¡Gata egoísta, que nunca dice la palabra justa!
> Esta lengua puñal que mata lo que amo
> puñal que me traiciona y que me hiere
> espada que desata tempestades

Cristales de tiempo, p. 124.

El entrañable personaje Juan Cariño, el «mejor loco» de Ixtepec, en *Los recuerdos del porvenir*, es un defensor de los diccionarios: «Las palabras eran peligrosas

Los recuerdos del porvenir, p. 67.

porque existían por ellas mismas y la defensa de los diccionarios evitaba catástrofes inimaginables». Todos los días sale a levantar las palabras malignas que se escapan del diccionario, las palabras *ahorcar* y *tortura*, por ejemplo, para devolverlas al diccionario, antes de que hagan más daño.

La pérdida del reino

En 1972, en Nueva York, leyó la novela de José Bianco *La pérdida del reino*, escrita e inventada a partir de las vivencias de la juventud de ambos y de su grupo de amigos en París. Después de su lectura le escribió a Bianco: «Ya estaba triste, pero tu libro me dio la puntilla. ¿Y por qué debe uno vivir cuando ya no cree en el mundo? El género folletón es espantoso y con bombos y platillos he pasado a ese género. ¡Qué asco! He pensado seriamente en el suicidio».

José Bianco Papers.

También le contó a Pepe que estaba reescribiendo (remendando, decía ella) la última parte de *Testimonios sobre Mariana*, que también abreva de esos momentos compartidos con él en París: «Allí estamos otra vez todos, pero muy distintos de como aparecemos en *La pérdida del reino*. Soy más mala que tú y aparecemos como verdaderas basuras o monstruos».

José Bianco Papers.

Durante ese tiempo en Estados Unidos, las Elenas vivieron algunos meses en la playa, pero se enemistaron con la dueña de la casa y con el vecino, al que

Elena llama en sus diarios «el Drácula lívido» o «el Transilvano», y tuvieron que irse a otra casa.

Testimonios sobre Elena Garro, pp. 346 y 393.

Paz seguía enojado con ellas por la carta del 68. Elena dice en sus diarios que al principio se negó a ir a ver a su hija cuando la operaron, se rehusó a pagar el hospital y a hablar con ella por teléfono. Pero después reapareció, se puso en contacto con el equipo médico de Helena Paz y empezó a pagar y supervisar su tratamiento. La mala salud de Helena Paz era notoria. Se la pasaba en la cama, tenía hemorragias incapacitantes y a veces tosía sangre.

Testimonios sobre Elena Garro, p. 341.

Elena pensaba sin parar en sus problemas económicos, y sin embargo gastaba lo poco que tenía en lujos y extravagancias: «Gasté demasiado en Nochebuena: sillones, cena, cortinillas blancas, turrones, etc. A la última hora corrí con Martín por vasos, platos y una repisa. Ahora no tengo más que tres dólares», dice en su diario.

En Nueva York seguía enterándose del asesinato de otros amigos suyos. En su diario dice que después de las amenazas de muerte, de bombas, de tortura, le tenía miedo a los teléfonos, le parecían animales peligrosos de los que había que alejarse a toda costa.

Se obsesionó con un personaje al que llamó «la Giganta». El nombre de la Giganta era June Cobb, y realmente había trabajado con Fidel Castro y después había sido espía de la CIA. Según Elena, la Giganta una vez se quedó en su casa en México y lanzó a su gato por la ventana a medianoche. En Nueva York, esta mujer dijo querer ayudarla, le entregó unas cartas atrasadas de Eunice Odio, la poeta que desde México estaba tratando de gestionar el regreso de Elena, mediando con Paz y con Echeverría. La Giganta le llevaba gelatinas todos los días y eso para Elena era siniestro. Entonces un día Elena llamó a Eunice Odio por teléfono y contestó la policía. Elena colgó. La Giganta —contó Elena— la llevó con mentiras a Migración y le cortó el teléfono, luego le dijo que a Eunice la habían matado a golpes y Elena —que solía ser egocéntrica para estas (y otras varias) cosas— pensó que era porque no había logrado convencerla de regresar a México. Echeverría le pidió que volviera, pero Elena se imaginó un futuro lúgubre de vuelta en su país y se quedó. Sus amigos en México le aconsejaban que no volviera. Sin decirle nada a June, Elena consiguió que un burócrata se apiadara de ellas y les refrendara el pasaporte, que se había vencido meses atrás, para poder salir huyendo de Estados Unidos antes de que las deportaran.

Elena Garro Papers.

Dos ideas sobre el exilio

Lectura múltiple..., p. 201.

«Como seres humanos, a donde quiera que vayan, serán los mismos porque uno lleva la derrota dentro. Cambiar de lugar no cambia nada».

Lectura múltiple..., p. 238.

«Creo que separarse de todo es el infierno... creo que el exilio es un error porque es estar en el vacío, no hay eco para nada, es un poco desdichado el exilio».

Una de espantos

Abundan en sus diarios y en sus cartas palabras como «maricones» o «criadas». De haber nacido cuatro o cinco décadas después, ¿las habría usado? Quiero creer que no, pero ni modo de saberlo. En distintos momentos, Garro insinuó en público y declaró en sus diarios y a testigos que tanto Archibaldo Burns como Octavio Paz eran homosexuales. Los llama «maricones» y al poder que detentaban, la «homocracia». Así recuerda Laura Ramos que decía de Paz: «A él le gustaban los hombres jóvenes y también los viejos... poetas... de todo. Desde antes de conocerme y en nuestro primer viaje a España, él probó todo eso; luego me humillaba y me obligaba a ¡hacérmelo así!». En su época las ideas homofóbicas eran moneda corriente. También Octavio Paz, cuando estaba en Berkeley, le escribió a Elena sobre el rumor de que su compañero de habitación era homosexual: «Lo de Bravo me llena de asco: no he notado nada, solo que es un tipo raro». Por otro lado, tanto Elena Garro como Octavio Paz tuvieron varios buenos amigos homosexuales.

Elena Garro: los recuerdos sin porvenir, p. 62.

Odi et amo, p. 406.

Elena escribió muchas historias que critican con dureza el clasismo en México, y sin embargo ella misma podía ser espantosamente clasista. Por ejemplo, un día un señor en Nueva York le dijo que no estaba permitido alimentar a las palomas y que recogiera las migajas que les había echado. Ella reconoció su acento latinoamericano y le gritó enfurecida: «Indio asqueroso, suélteme y recoja la basura con el hocico, que para eso le pagan».

Elena Garro Papers.

Los gatos están tristes

El 29 de mayo de 1974, Elena y su hija volaron de Nueva York a España. Se instalaron con sus familiares españoles, pero pronto con ellos también hubo desacuerdos —este episodio inspiró la novela corta *La casa junto al río*, donde una mujer descubre entre sus familiares a un conjunto de asesinos que quieren quedarse con su herencia—. En sus diarios escribe listas de los hoteles por los que deambulan, habla del frío y del hambre, de las dificultades para llegar a fin de mes. Pasaban días enteros sin comer y en cierto punto terminaron en un asilo para personas sin hogar, donde solo podían dormir, pero no pasar el día: «estoy en un asilo de mendigos [...]. Helenita pidió empleo a la Embajada, esta mandó a un médico y este diagnosticó desnutrición, anemia, tensión bajísima, peligro de paro cardiaco, en una palabra: hambre».

Lectura múltiple..., p. 24.

Octavio Paz les depositaba cada mes 400 dólares, aunque en varias entradas de sus diarios Elena se queja de que Paz no pagaba o se retrasaba en los pagos, y que no lograba cubrir los tratamientos médicos de Helena, que seguía con hemorragias permanentes. Solían amenazarlas con cortarles la luz, el agua, el teléfono, y muchas veces tenían que irse de los hoteles a media noche, sin pagar. Elena no lograba conseguir trabajo. Sufrían por el dinero, pero cuando tenían apenas un poco lo despilfarraban en ropa y almorzaban en marisquerías finísimas. De vez en cuando, además, Elena le daba dinero y comida a una mujer llamada Eulalia, que era más pobre que ellas y tenía un hijo chico.

Testimonios sobre Elena Garro, p. 427.

Esperanza Navarro, la madre de Elena, murió el 29 de junio de 1976. «Gran gran depresión», dice su diario. Las Elenas pasaron días enteros en la cama.

Empezó a elaborar teorías disparatadas, como que Hitler era un ex agente comunista. El miedo se les combinó a las Elenas con la depresión y se les volvió crónico; sufrían agorafobia y delirio de persecución. Cuando salían a la calle decían que los enviados de Octavio Paz las seguían y les tomaban fotografías. Para que nadie lo entendiera (o por engreída nomás), Elena empezó a escribir su diario en inglés.

Los vecinos las denunciaron en un punto por hacer mucho ruido en las noches, porque recibían visitas hasta tarde. Seguido iba a verlas un hombre al que Elena apodaba «el Mago», otro al que llamaba «el Cocodrilo» y una mujer a la que le decía «la Araña Enorme».

Testimonios sobre Elena Garro, p. 400.

Le costaba mucho escribir: «Nunca encontraré un lugar donde leer o escribir», dice en su diario. «Estoy condenada a no escribir». Por la falta de dinero tuvo que empeñar su máquina de escribir y en un punto no tenía tampoco lentes ni libros. Hasta que de pronto logró ponerse a trabajar en *Testimonios sobre Mariana*. «Estoy rendida, quiero escribir, escribir, escribir», dice en su diario. Empezó a desempolvar viejos manuscritos para publicar lo que fuera y tener algo de dinero.

Testimonios sobre Elena Garro, p. 434.

Estas son algunas frases de sus diarios entre 1975 y 1976:

Elena Garro Papers.

«No salimos. Despertamos angustiadas».
«¿Qué vamos a hacer? No tenemos dinero».
«Desperté deprimida».
«Me confesó [Helena] que quería ir sola a la farmacia pues tiene miedo de ir sola y quería vencer el temor. Le confesé que yo también padecía agorafobia».
«Me encontré aterrada en la plaza de la revolución, donde está el monumento. No podía avanzar. Pensé que iba a volverme loca».
«No comimos nada en todo el día».
«Helenita está muy deprimida».
«Casi no comimos. Los gatos están tristes».

Quizás la única entrada alegre de su diario en esos años es de un día que fueron al Museo del Prado. El museo le parece: «precioso, precioso, precioso».

Testimonios sobre Elena Garro, p. 361.

Batalló para conseguir el pasaporte español, pero al final lo logró y, a la muerte de Franco, el alcalde socialista de Madrid, Enrique Tierno Galván, las instaló en un departamento.

Bebés oníricos

Por la noche, en el hotel feo de Princeton, sueño que alguien me pone en los brazos una bebé de cabello oscuro. La bebé es Elena Garro. ¿Cómo va a ser esta la famosa Elena Garro?, pienso en el sueño. ¿Cómo escribió todos esos libros si es una bebé? Y además, ¿que no era güera? Salvo por su blanca melena del final y ese momento en el 68 en que se tiñó de negro, Elena siempre fue rubia. Dicen que siendo ya mayor seguía siendo rubia natural. A veces parecía gustarle mucho eso de sí misma, ese rasgo que la distinguía y le daba estatus en una sociedad racista. Al mismo tiempo, en varios momentos de su vida fue una característica más que la separaba, le impedía pertenecer, la volvía una extraña, una extranjera: «Lástima que no tengamos trenzas negras», dice una niña rubia en el cuento «La semana de colores».

«Es ella, es ella», me dice alguien en el sueño. Y yo sé que la bebé es Elena, y no tengo idea de cómo voy a hacer para cuidarla.

Semanas después leo en sus diarios, en la entrada del 11 de julio de 1973, que durante una siesta Elena soñó que tenía un bebé desnudo en brazos. «Entraba a un cine y ahí estaba él en la pantalla enorme con la cabeza fuera de la pantalla escapándose. "Qué raro, es el mismo niño que tengo en brazos", pensaba». El bebé le dice que su mamá está con sus hermanos y Elena no entiende cómo es que un bebé tan chiquito habla tan bien.

Testimonios sobre Elena Garro, p. 318.

El consuelo del tarot

En sus diarios del exilio aparece todo el tiempo el tarot. Quizás en parte por la influencia de su padre teosofista, Elena leía el tarot, echaba el *I Ching*, leía la mano y hacía cartas astrales. Ante la incertidumbre absoluta que era la vida de las Elenas, el tarot las confortaba, casi siempre corroborando su desgracia, atribuyéndosela a un destino más allá de su control. Lo que más le presagiaban las cartas era eso: desgracias: «El tarot horrible»; «Me desperté angustiada. Eché tarot. Horrible»; «El tarot horrible»; «Desperté angustiada. Entre horóscopo, Chata, tarot y el Transilvania me aterraron»; «Desesperación: eché el tarot. Centro X bastos contra Luna, pasado Torre revés. Saliendo Diablo. Arriba fuerza al revés. Viniendo: Temperance. Temo Muerte al revés. Me ven Juicio. Deseo secreto. Amantes revés. Fin Rueda Fortuna. Debo estar muy desesperada».

Testimonios sobre Elena Garro, pp. 319, 333, 320, 321, 327.

En sus diarios solo un par de veces el tarot tuvo buenas noticias, y justo entonces le parecía poco fiable: «Preguntamos al tarot si va a llamar Federico y si el

Testimonios sobre Elena Garro, p. 316.

ingeniero nos va a dar la limosna, parece que sí, pero a veces el tarot se equivoca». Dice Vilma Fuentes, que fue buena amiga de Elena durante su última estancia en París, que en ocasiones llegaron a preguntarle a las cartas si las cartas decían la verdad.

Elena Garro, la pérdida del reino, p. 71.

Varias personas iban a frecuentarlas para que les leyeran el tarot y la carta astral. En su diario, Elena se queja de que solo iban por eso. Le echan el tarot a una Mercedes, a una Mary Carmen y a una pareja de desconocidos, le leen el horóscopo a un Antonio y se quedan a veces hasta las cuatro, cinco de la mañana echándole las cartas a sus amigos. Los vecinos se siguen quejando del ruido que hacen por las noches. En una entrada del diario, Elena cuenta la visita de un tal Enrique, que le dice que alguien más le leyó las cartas y le salió la Reina de Espadas en contra. Enrique le asegura que esa Reina de Espadas es Elena.

Testimonios sobre Elena Garro, p. 388.

En una entrevista, Lucía Melgar le pregunta:

Lectura múltiple, pp. 293-294.

LM: ¿Alguna vez le han leído las cartas?

EG: No. ¡Helena me las ha leído! Sí, porque ella es partidaria del tarot, furiosa.

LM: ¿Cómo le salían sus cartas?

EG: Mira, las echábamos tanto que ya no servían… ¿A ti te han echado el tarot?

LM: No creo mucho en esas cosas.

EG: Yo sí creo, pero [un día, cuando] estábamos en París, un cura dijo que el tarot era jugar con el demonio, con la magia negra. Dije yo: «¡Ay, qué horror!» y agarré todas las cartas de tarot que tenía Helena —eran colecciones— y las quemé. Yo no quería nada de magia negra en la casa. Porque sí existe la magia negra. Me dio miedo…

«Solo me consuela el tarot», dice una entrada de su diario.

Testimonios sobre Elena Garro, p. 423.

Incorregible

¿Por qué quieres echarle las cartas a Elena Garro?, me pregunta Julián Herbert. Estamos en la Feria del libro de Oaxaca y él anda para todos lados con su tarot. Acabamos de presentar juntos un libro sobre la imposible tarea de corregir un manuscrito, y antes de empezar él sacó tres cartas para ver por dónde había que llevar la charla. No alcancé a distinguir cuáles eran las cartas y quién sabe qué le dijeron, pero supongo que lo orientaron bien, porque la plática fluyó y nos la pasamos riendo. Yo conté que llevo un rato tratando de corregir este libro y que me parece, como la misma Elena Garro, incorregible.

Estamos sentados en la explanada, junto a una mesa, y le digo a Julián que siempre he sido más bien escéptica para esas cosas, pero de pronto me resulta una gran idea leerle las cartas a Elena Garro. Porque estoy medio desesperada. Después de muchos meses de investigación, de leer sus libros, su correspondencia, sus diarios y varias biografías sobre ella, hay todavía muchas cosas que no entiendo. Demasiadas. Y no sé qué más hacer, en dónde más buscar respuestas. Pero a Elena le gustaba el tarot, así que creo que tiene sentido tratar por ahí. ¿Es posible eso?, le pregunto a Julián, ¿es posible echarle las cartas a Elena Garro?

Julián toma una carta del mazo que tiene sobre la mesa y la voltea; sale el siete de bastos.

El tarot dice que no, que está cerrada.

Me decepciono. Pero, dice Julián, puedo leértelo a ti: tus cartas sobre Elena Garro. Mira, dime qué preguntas tienes sobre ella mientras revuelves las cartas, me dice y me pasa el mazo. Las preguntas son tantas que al principio no se me ocurre ninguna. Después aparecen:

La primera: ¿Alguna vez estuvo realmente enamorada de Paz?

La segunda: ¿Qué tanto era paranoica y qué tanto sí la perseguían?

La tercera: ¿Era de verdad amiga de Gutiérrez Barrios, a pesar de todo, o fingía serlo para conseguir favores y para que no la mataran?

La cuarta: ¿Por qué no se fue con Bioy Casares?

Sale primero la carta de la protección: el Nueve de Espadas. ¡Estrés!, dice Julián. Esta carta es para ti. En la carta se ven tres triángulos de espadas y un rey en el trono atravesado por otra espada. La carta, dice Julián, me habla de estas dudas, de estas preguntas que tienes, pero son buenas, son útiles.

La carta de la amenaza es el Diez de Bastos y sale al revés. En el dibujo, debajo de los diez mazos ordenados, un dragón se muerde la cola. Es un círculo completo, dice Julián, pero está al revés. Esta también es para ti; estás por terminar esta investigación, pero tienes que verla al revés para entenderla, tienes que darle la vuelta.

Pienso un instante en ese asunto del revés, en cómo a Elena le gustaba enrevesar las cosas, y seguimos con las preguntas. ¿Alguna vez estuvo enamorada Elena de Paz? La carta es el Dos de Copas. La imagen muestra dos grandes copas y, debajo, un cupido con el arco tenso y la flecha lista. Sí, dice Julian, sí estuvo enamorada. Es la carta del amor clásico y las dos copas se relacionan con el matrimonio. No hay duda, estuvo enamorada de él.

Sobre su relación con el tenebroso militar y político Fernando Gutiérrez Barrios, sale el Dos de Oros al revés. Es la carta de la perfección, dice Julián, pero la perfección no siempre es buena. Es una carta ambigua, no está clara la respuesta. En la siguiente ronda para esa pregunta sale el Ocho de Copas, que debajo tienen un eclipse y eso es más ambigüedad. Aunque parece que algo de aprecio real había ahí, me dice Julián.

¿Qué tanto era paranoia y que tanto la perseguían? Primero sale el Caballero de Copas y luego la Sota de Oros. En los dibujos, un niño con los ojos vendados, arriba de un cangrejo sobre la luna, y un joven desnudo encima de un saltamontes, con una guadaña, sosteniendo una moneda de oro. Las sotas son muy protagónicas, dice Julián, y el caballero acá es algo infantil. Más allá de si era real o no su miedo, tenía que ver con su narcisismo.

¿Por qué no se fue con Bioy Casares? Nos sale el Siete de Copas. En la carta hay un bebé medio tétrico naciendo de un huevo, bajo las estrellas. En mi cara se nota de inmediato la sorpresa. Elena abortó un hijo de Bioy, le digo a Julián. Ahí está, me dice, debe ser por eso. Tú sola lo respondiste.

Ayer te soñé, Elena Garro

En este sótano de techos altos y traslúcidos, con un vestido amarillo, sentada en esta misma mesa desde donde hoy te escribo. Estabas revisando tu propio archivo, escudriñabas, revolvías y consultabas los papeles con urgencia. En eso consistía todo el sueño: tú, buscando en tus documentos respuestas sobre ti misma.

Abrigos de pieles

El dinero siempre fue un problema. Adquirirlo y conservarlo. En sus archivos de la época en que no tenían ni en qué caerse muertas, hay recibos por cientos de dólares en abrigos de pieles de Bloomingdale's. El dinero que les mandaba Paz se les iba como el agua en ese tipo de cosas. Helena Paz era particularmente imprudente. En un relato inédito, Elena cuenta de una vez en que su hija se gastó el cheque entero para el mes en un vestido color lila. El poema «Insomnio» dice:

Elena Garro Papers.

¡Buscar dinero!
Es difícil hallarlo,
lo tienen bien escondido.
Es más fácil encontrar la cara de Dios.

Cristales de tiempo, p. 227.

La Divina Providencia

Testimonios sobre Elena Garro, p. 450.

En 1980 su suerte empezó a mejorar (en algunos aspectos, como se verá). Emilio Carballido, a quien Elena llamaba «la Divina Providencia», las visitó en Madrid ese año y Elena le dio los manuscritos de *Andamos huyendo, Lola*, *Testimonios sobre Mariana*, *Reencuentro de personajes* y *La casa junto al río*. Los libros que llevaba escribiendo durante casi 15 años, y que seguían inéditos, comenzaron a publicarse. Emilio Carballido se convertiría en su agente literario y *Testimonios sobre Mariana*, que ganaría el concurso de novela Grijalbo, iba a publicarse en 1981. En 1983 recibió el premio de la Muestra Nacional como mejor «autor» por *El árbol*. Ese mismo año se mudaron a París. Vivieron en un departamento en la avenue Duquesne número 40, y luego se fueron a uno en Champ de Mars, que les prestaba la familia del expresidente Giscard d'Estaing. Hasta que —cuenta Vilma Fuentes— se les cayó una gata del tercer piso y entonces dejó de gustarles el departamento. Por eso se mudaron al distrito 16.

La pérdida del reino, p. 72.

En 1990 le dieron el Premio Nobel de literatura a Octavio Paz. En esa época Helena Paz se reconcilió con su padre y comenzó a trabajar para la embajada mexicana en París, aunque su salud física y mental no le permitía ser constante en el trabajo. Comenzó a tener crisis emocionales severas, a ingerir barbitúricos, a abusar del alcohol y a volverse más y más disfuncional. En una ocasión la atropellaron y tuvieron que internarla por una crisis nerviosa. Octavio Paz se hizo cargo de todos los gastos.

En los diarios de Elena de esos años hay largas listas de vocabulario español-francés y otros apuntes de sus estudios de esa lengua. Hay poemas, listas de libros, sumas, una rueda del zodiaco y páginas enteras con el nombre de su hija, en una letra tímida y temblorosa.

Elena Garro Papers.

La loca del ático

Le cuento a una escritora de ciencia ficción que estoy escribiendo sobre Elena Garro y me dice: «estaba loca». Un estudiante de doctorado en letras me comenta: «estaba de atar». Un editor de libros para niños opina que: «se le botó». Una repostera lectora me pregunta: «¿Que no era espía y se enloqueció?». Me pregunta un amigo por qué me resulta tan difícil describir a Elena Garro y, como estoy cansada y no tengo ganas de platicar, me oigo a mí misma decir: «es que estaba loca».

No cabe duda de que Elena no era un ejemplo de salud mental. Sobre todo hacia la segunda mitad de su vida, aunque me viene a la mente ese dicho de que la mula no era arisca, etcétera. El problema con la palabra «loca» es que ha sido por siglos un término paraguas para referirse a cualquier mujer deprimida, asustada, protagónica, enojada, extrovertida o rebelde. Una forma de descartarlas a todas, sin hacerse cargo de la complejidad de sus emociones, de su situación y de la responsabilidad que la sociedad ha tenido de sus circunstancias. No por nada los hospitales psiquiátricos del siglo pasado estaban llenos, principalmente, de mujeres.

Dice Vilma Fuentes que Elena «confundía la realidad y la ficción sin estar loca. Cuando digo loca como una cabra, no es que sean personas de manicomio, es otra cosa».

Elena Garro, la pérdida del reino, p. 73.

En *La cuarta casa*, que José Antonio Cordero filmó durante los últimos cuatro años de vida de Elena, se ve perfectamente lúcida y coherente. También enojada. En una de sus libretas aparece copiada a mano esta cita de Lord Byron: «Mi soledad ya no está sola, está poblada de furia». La ira, tan mal vista entre las mujeres de su época y todavía mal vista entre las de la nuestra, es un tema recurrente en su obra y atraviesa su activismo y su personalidad. Sobre su enojo escribió este poema en 1947, titulado «A mi sustituta en el tiempo»:

Elena Garro Papers.

Cuando en el mar solo el perdido golpe
de las olas
y de esta lágrima no quede rastro
en la memoria
todavía tú, amiga, que me esperas
más allá de este tiempo
encontrarás mi enojo,
mi enojo porque han vuelto
tan inútil este mundo.

Cristales de tiempo, p. 123.

En la novela *Primer amor* aparece este intercambio entre el personaje de Bárbara y su hija (que también se llama Bárbara):

Novelas breves, p. 404.

«—¿Estás triste, mamá? —preguntó Bárbara mirando a su madre.

—¿Yo triste?... Estoy enojada».

Un poema para Elena Garro

Ayer te vi en la noche, Elena Garro.
Salí a las doce y media a la farmacia
por una medicina para mi hijo.
Te vi a medio pasillo en la luz blanca,
cubierta con tus pieles de pantera.

Andabas desorientada.
Mirabas perpleja una copa menstrual,
te metiste una crema antiarrugas al bolso.

Te vi hacerte amiga de la cajera
y acariciar a ese perro del guardia nocturno.
Te vi la cara de asco cuando un hombre
de rastas y sombrero se acercó.

Quizás te hizo acordarte de esos jóvenes
peludos en el Dary's Café de Nueva York.
Te habrá hecho sentir vieja, solitaria
y fuera,

como siempre,
de lugar.

Salimos a la noche y nos seguía
la sombra de uno de tus gatos negros.

¿Tienes hambre, Elena? ¿Tienes frío?
¿Y qué piensas de este poema?
De que hable con tu espectro a medianoche
y juegue al *I Ching* y al tarot.

Tú que sabes, dime
qué grado de extrañeza se tolera,
qué dosis de excentricidad
se aguanta.

No sé para qué te pregunto,
porque ya sé que te vas.

Se aleja
tu cuerpo consumido,
flaco,
espectro amorfo
de humo
de cigarro.

Rencores y arrepentimientos

El odio de Elena contra Paz se resume en esto que le dijo a Gabriela Mora: «Mira, Gabriela, en la vida no tienes más que a un enemigo, y con eso basta. Y mi enemigo es Paz [...] Quiero que sepas de una vez: [...] que yo vivo contra él, [...], estudié contra él, hablé contra él, tuve amantes contra él, escribí contra él y defendí a los indios contra él, escribí de política contra él, en fin, todo, todo, todo lo que soy es contra él. Por eso persigue a mis amigos y familiares».

Lectura múltiple..., p. 33.

Pero uno de los últimos textos que se le conoce, de 1989, es una carta a Octavio Paz, en donde le pide disculpas:

> Hace ya tiempo que deseaba escribirte para pedirte perdón por todas las calamidades, desdichas y sufrimientos que ocasioné en tu vida. Créeme que te pido perdón después de una larga, muy larga temporada de introspección, examen de conciencia y análisis de mi execrable conducta. Perdona, no puedo dejar de llorar. Sí, llorar a

«Una carta postrera de Elena Garro a Octavio Paz».

lágrima viva. ¿Cómo pude ser tan estúpida?, ¿tan frívola?, ¿tan inconsciente? Ahora, después de estos años terribles, no lo entiendo. ¡Y tú decías que yo era ¡muy inteligente! Y, yo, vanidosa, me lo tomé en serio! Esto me martiriza. Pues veo que todo lo que me dijiste (salvo lo de la inteligencia) era verdad.

Es difícil saber si hablaba en serio, porque era propensa a fingir arrepentimiento o amabilidad cuando quería algo. Y lo que quería de Paz, en esa ocasión, era que le quitaran el trabajo en el consulado a su sobrino Jesús y que alguien se encargara de sus gatos cuando se muriera.

En una entrevista, Patricia Vega le pregunta si se arrepiente de lo que ha hecho en la vida y ella responde: «No me he arrepentido porque sé que lo volvería a hacer y que entre más me arrepienta más lo hago. Pero pienso hacer un acto de contrición, en serio ante un sacerdote, antes de morirme». Su hija decía que Elena «nunca reconocía sus errores». Que «siempre decía que ella no tenía remordimientos». Aunque luego en otra entrevista, cuando le preguntan de qué se arrepiente dice que «de muchas cosas. Muchas metidas de pata». Y a José Antonio Cordero le dijo que sí se arrepentía, que no había hecho más que tarugadas, que de niña fue muy majadera y después muy frívola, y que si pudiera le daría un borrón a toda su vida.

Diálogos con Elena Garro, p. 1110.

Memorias, p. 361.

Lectura múltiple…, p. 200.

La cuarta casa.

Rusia, Rusia, Rusia

Las últimas décadas de su vida se obsesionó con Rusia. Dicen que creía ser descendiente de los Zares y quería escribir una novela en la que Greta Garbo era en realidad una princesa rusa. Leía sin parar sobre la historia de Rusia y autores rusos. Hay libretas enteras llenas de apuntes y de citas sobre el tema. Le dijo a Vilma Fuentes: «Es tan abracadabrante esa Historia... Tengo tantas notas, Vilma, que solo de verlas me mareo. Pero quiero acabarlo antes de morir. Es un libro visto por las dos partes, la destruida y la que tomó el poder». Aunque Fuentes apunta que a Elena le fascinaba más la parte destruida que la que tomó el poder.

Lectura múltiple..., p. 217.

Leo los apuntes sobre Rusia en sus libretas, todas esas notas, citas y listas interminables de libros, libros, libros, y me veo a mí misma como ella estaba, obsesionada, persiguiendo fantasmas, tratando de entender esta abracadabrante historia de Elena Garro.

La voz del Sol

La Casa Alvarado es un edificio del siglo XVIII, de estilo andaluz y morisco, pintado hoy de color naranja y decorado con pintura blanca. En esta casa de Coyoacán murió Octavio Paz, algunos meses después de que se incendiara la biblioteca de su casa —dicen que Elena deseaba en voz alta quemársela, poco tiempo antes del incendio accidental—. Ni más ni menos que aquí, vine a buscar la voz de Elena Garro.

Elena Garro: los recuerdos sin porvenir, p. 111.

Me paseo primero por los jardines, entre helechos y columnas amarillas, y luego entro a la audioteca. La Casa Alvarado es hoy en día la sede de la Fonoteca Nacional. Me siento frente a una pantalla y busco entre los archivos sonoros alguno con la voz de Elena Garro. Encuentro varias lecturas teatralizadas de sus cuentos, conferencias de críticos y académicas sobre sus obras, y algunos programas de radio en su honor. Pero solamente encuentro una entrevista, para Radio Educación, de 1996. El tema del programa es la ciudad de Puebla, donde nació Elena.

«Me gusta mucho Puebla», dice un hilo apenas de su voz, «tengo muy buenos recuerdos». «El primero es un jardín con piscinas de azufre, donde iba con mi mamá y mis primas. Ahí me caí y me abrí la frente».

La entrevistan en calidad de poblana, a pesar del poco tiempo que pasó en esa ciudad. Pero ella también se asume poblana y se siente orgullosa de serlo: «Yo me enorgullezco. Sí me enorgullezco. Y me gusta mucho que los poblanos seamos distintos de los demás». Es una voz aguda y frágil, que interrumpe cada tanto una tos seca y profunda. Elena decía que no se había dedicado al teatro por su voz débil, porque siempre le estaban pidiendo que hablara más fuerte y eso la hartaba.

Quienes la escucharon antes del enfisema la recuerdan también hablando bajo. Describen el contraste entre su tono de voz y su despiadado ingenio: «Las frases de Elena en la conversación, pronunciadas muy quedo, con un tono dulce que parecía brotar de la boca de un ángel y un acento provinciano que supo conservar toda su vida, eran rápidas y de una crueldad sibarita».

Vilma Fuentes en *Lectura múltiple*, p. 216.

Una artista de la conversación, de la plática. Su obra contiene esa cualidad oral, es un manantial de mexicanismos, dichos y expresiones populares. En sus mejores momentos, los testigos describen a Elena Garro como un astro: un centro de gravedad luminoso y aureático. «Tenía lo que suele llamarse duende, ángel y que va mucho más allá del *sex appeal* estadunidense. Su magnetismo era el del sol», dijo Elena Poniatowska. Quienes la

Poniatowska, *Obras reunidas*, p. 89.

Mendoza, «*Memoranda*», en: Garro, *Obras reunidas III*, p. XII.

conocieron hablan de una belleza que superaba por mucho la apariencia. La China Mendoza dijo que «era la belleza total, no por perfecta sino por distinguida, tan segura en su lugar». Y dicen que era su voz, sus palabras, las que revestían a su belleza física de algo superior. Emmanuel Carballo dijo que «callada era guapa, pero al oírla se tornaba hermosa, deslumbrante».

Elena Garro, la pérdida del reino, p. 29.

Memorias, p. 324.

Yo tenía la esperanza de escucharla cantar en alguna de estas grabaciones. Helena decía que su madre cantaba muy bien, que se especializaba en corridos y la comparaban con Lucha Reyes. Tenía también la esperanza de escucharla reírse, porque lo que a mí más me gusta de la Elena Garro que leo es su sentido del humor, su risa irónica, alegre o cáustica. En «La memoria» —un texto inédito que está en el archivo de Princeton— Elena recuerda o se inventa el origen de su carcajada en la risa de su abuela Francisca, y encuentra en esa risa el origen de su existencia: «La abuelita Francisca se echó a reír y fue la primera vez que escuché la risa. Creo que a partir de esa risa empecé a estar en el mundo».

Relato inédito, *Elena Garro Papers*.

El *tiempo del entusiasmo*

Mi madre me prestó una edición chilena del *I Ching* de 1976. La usó tanto, que está medio rota y ya no tiene portada ni lomo. Mi madre le tiene mucha fe, porque el día del terremoto de 1985 le salió el hexagrama del «Terremoto». «Todo se cae», le dijo el *I Ching* a mi madre. (El día de ese terremoto, Elena estaba en París, segura de que Octavio Paz se había muerto. Durante el terremoto de 1957, Elena Garro estaba en casa de la poeta Guadalupe Amor y dice Elena Poniatowska que Elena Garro estaba tan perturbada que amenazaba con aventarse del balcón).

Poniatowska, *Obras reunidas III*, p. 86.

Alguna vez jugué al *I Ching* con mi madre y ahora repaso las instrucciones para acordarme: tirar las tres monedas seis veces, anotar de abajo hacia arriba si el resultado corresponde a una o dos líneas horizontales, buscar en la tabla el número que toca al hexagrama y luego leer el resultado.

Mi pregunta para el *I Ching* es la siguiente: si Elena Garro hubiera nacido en 1988, si tuviera ahora 34 años, como yo, ¿habría sido más feliz de lo que fue en su tiempo?

Diálogos con Elena Garro, p. 1380.

Dice Vilma Fuentes que Elena Garro hubiese querido nacer en una época del pasado: «Pero es difícil aparecer, incluso como fantasma, en una época desaparecida». Yo, al contrario, creo que Elena habría sido más feliz en el futuro, y el *I Ching* está de acuerdo conmigo. Me responde con el Número 16: «El Entusiasmo». Parece muy optimista respecto a esta posibilidad de una Elena Garro millennial: «Los cuerpos celestes no se desvían de sus órbitas», afirma, «el entusiasmo logra unificar movimientos colectivos». Es enfático: «El trueno sale de la Tierra con estrépito». «El tiempo del entusiasmo», dice, «se debe a la existencia de un hombre eminente, que está en contacto con el alma del pueblo, actuando de acuerdo a esta». Aquí el *I Ching*, de 1976, dice «hombre», pero claramente lo que quiere decir es «mujer».

Que la patria, que qué sé yo

En 1991, las Elenas volvieron por primera vez a México, casi veinte años después de su partida. José María Fernández Unsaín, que estaba a la cabeza de la Sociedad General de Escritores de México, la invitó. A Vilma Fuentes le contó que casi se arrepiente un día antes del viaje:

> Todavía la víspera, mientras cenábamos aquí —continúa Elena— le dije a Rosario Casco [...] a quien mandaron por mí: «Pues no voy», pero telefoneó el jefe de la Sociedad General de Escritores de México, [...] José María Unsaín. Le dije: «No voy, no voy». Se puso tan enojado que me asustó. «Bueno, pues voy», y pues fui. Yo no quería ir, Vilma, sabía que iba a encontrar una catástrofe, pero todo el mundo me decía, incluso Helenita, que estaba loca, que fuera, que el regreso al país, que era necesario ir a ver yo misma las cosas, que la Patria, que qué se yo.

Testimonios sobre Elena Garro, p. 466.

Le contó también a Vilma Fuentes que no pudo contener la emoción cuando llegó: «Me dio una lloradera cuando bajé del avión... Estaba en México otra vez. Fue más fuerte que yo». Y el primero en visitarla fue su amigo Rodolfo Echeverría, hermano del expresidente de México.

Testimonios sobre Elena Garro, p. 466.

Viajó a Guadalajara y luego a Aguascalientes, donde montaron su obra *El árbol*. De ahí se fue a Monterrey y sobre esa ciudad dijo: «Ahí llegas al extranjero. Me hicieron fiestas. Fue donde más me homenajearon». «Es la única parte en donde he visto que las mujeres tienen el poder por sí mismas, sin necesidad de manipulaciones. Son como protectoras de las artes, semejantes a los mecenas de otros tiempos». Después se fue a la Ciudad de México, donde tuvo «un choque terrible»: «como si hubiera pasado el diablo y hubiese soplado». «Veía todo muy raro, no me reconocía más que en los tacos de pollo con guacamole que comí todos los días». Fue también a Cuernavaca a ver a su hermana Deva, y más tarde a Puebla, donde le entregaron las llaves de la ciudad y la Cédula real de los poblanos distinguidos. Ya no llegó a Oxolotán, Tabasco, donde los miembros del Laboratorio de Teatro Campesino e Indígena nombraron a la primera generación de su grupo «Elena Garro» y montaron seis de sus obras. Volvió a Cuernavaca y fue a la Ciudad de México para un homenaje en Bellas Artes con Emilio Carballido, Héctor Azar, Margo Glantz, Silvia Molina, Carmen Boullosa y Guillermo Samperio.

Testimonios sobre Elena Garro, p. 468.

Testimonios sobre Elena Garro, p. 470.

Regresó finalmente a París con muchas deudas, porque vivían del salario de su hija, que había pedido licencia para acompañarla durante el viaje y en ese lapso no había cobrado, y porque antes de irse se habían ajuareado las dos con abrigos y vestidos para el viaje. El 10 de marzo de 1992 escribe en su diario sobre el frío que siente por todas partes.

Testimonios sobre Elena Garro, p. 474.

Máscaras

Si algo era Elena Garro era un personaje. No es raro que haya servido de inspiración para tantas obras literarias. Aparece en *Las dos Elenas*, de Carlos Fuentes; «La continuación», de Silvina Ocampo; *La pérdida del reino*, de José Bianco; *El sueño de los héroes*, de Adolfo Bioy Casares; *Piedra de sol*, de Octavio Paz; y *Flores negras*, de Vilma Fuentes, entre muchas otras.

Ella decía que no la enojaba cuando la convertían en un personaje repulsivo:

Protagonistas…, p. 495.

> El acto de escribir es un acto de libertad privada. Nunca me he quejado de haber servido de personaje de poemas, novelas y cuentos. Recuerdo que Carlitos Fuentes escribió un cuento llamado «Las dos Elenas». Todo México dijo que éramos la Chata y yo. Hubo quien trató de azuzarme contra el escritor. Me pareció absurdo. Cada quien puede fabricar personajes de ficción con personajes reales.

Dijo tampoco haberse enojado cuando Paz escribió sobre ella en su *Piedra de sol*:

> Lo leímos y releímos juntos. «¿No te ofendes?», me preguntó Paz. «No, tienes derecho de decir lo que te parezca», le dije. Y lo que le pareció fue llamarme «pellejo viejo, bolsa de huesos», o algo así. [...] El poeta mitifica y Paz quiso exorcizarme diabolizándome. Lo han hecho todos los poetas. Para eso sirve la creación poética.

Protagonistas..., p. 495.

Aunque a veces parecía más afectada por esa mezcla de realidad y ficción. Por ejemplo, cuando José Bianco le envió *La pérdida del reino*, basada en el periodo en que coincidió con ella en París, Elena le escribió:

> Dime, ¿así era la vida o así la veías tú? Mi pregunta es idiota. Las novelas nunca son la vida. Son novelas. Hacer una crítica de tu libro no podría. ¿Tú puedes ver una mosca cuando se te mete en un ojo? Esa Laura dice muchas tonterías. ¡Qué bien que desaparece a los 27 años! Después ¡qué catástrofe! Leyéndola alguien inteligente dirá: «Esa no va a acabar bien». Lástima que tu novela no sea como la vida, que termina. Leerla me ha afirmado en un sentimiento que me persigue: «¿Hasta cuándo vamos a sobrevivirnos?».

José Bianco Papers.

Elena le pregunta si así era la vida o si así la veía él, y en esa pregunta está la necesidad de buscar en la literatura respuestas sobre la experiencia, o al menos sobre la percepción de la experiencia. En la afirmación con que ella misma se contesta está la imposibilidad de encontrarlas.

Muchas veces tuvo que aclarar que sus novelas no eran autobiográficas. O sí, pero no del todo, no siempre, hasta cierto punto. Se enojaba con las lecturas autobiográficas simplistas. Por ejemplo, dijo alguna vez: «Hay un empeño en confundir mi literatura con mi vida personal y sobre todo con mi vida conyugal. ¡Cosa que me harta! Todo y todos son O.P. Ya basta de joder». Dijo también acerca de su novela *Testimonios sobre Mariana*:

José Bianco Papers.

> Si piensas que en *Mariana* aparecen personajes vivos te equivocas. Aunque es verdad que tomé rasgos de algunas personas vivas y difuntas para crear a un solo personaje. Acuérdate de Ortega y Gasset: «lo que no es vivencia es academia». Recuerda también a Dostoyevski y a Balzac: «la novela es vida». Eso no quiere decir que lo que cuento en Mariana sea una simple calca de mi vida al papel. Creo que todas las novelas son *roman à clef* o no son novelas.

Protagonistas…, p. 494.

Sobre ese mismo libro, por otro lado, dice en una carta: «Te advierto que cada frase, cada situación y personaje son auténticos. Lo que me resulta difícil es ordenar, ELIMINAR situaciones, pues si pongo todo

Lectura múltiple…, p. 331.

resulta inverosímil». En esta negociación entre lo verosímil y lo inverosímil, lo auténtico y lo artificial, la memoria y la fantasía, la fidelidad y la traición, es que existe buena parte de la literatura en general y de la obra de Elena en particular. La vida misma de Elena fue la creación de uno y varios personajes: máscaras que se ponía para los demás y a veces también para sí misma.

Sonría para la foto

Una amiga que conoció a Elena Garro me contó la siguiente anécdota —que ella, a su vez, escuchó de alguien más—:

Un día, cuando Elena vivía en París con Paz, iba a haber una recepción en la embajada de Guatemala. Paz le dijo a Elena que se arreglara para ir con él. Ella respondió que no quería ir:

—No voy.
—Sí vas.
—Que no.
—Que sí.

Por fin Elena se vistió, muy elegante, como siempre, y fue todo el camino a la embajada en silencio. Al llegar abrió de nuevo la boca: se había pintado de negro todos los dientes.

Ojo de hacha

En 1993 regresó a México. Su última gran travesía. Empacó sus libros en 60 cajas y se fue con todo y sus 13 gatos. Se instaló en el departamento 3 de la calle Manantiales, en la Colonia Chapultepec, de la ciudad de Cuernavaca, en un departamento que había sido de su hermana Estrella. En México siguió encabezando polémicas, como cuando dijo que Unsaín, que estaba ayudándola a través de la SOGEM para cobrar sus derechos de autor, había tratado de estafarla (parece claro que esto no era así, y que la confusión se debía a una carta que necesitaban para poder cobrar los derechos).

Lectura múltiple..., p. 159.

En el documental de José Antonio Cordero, Elena habla de esta última etapa de su vida:

> ¿Y qué era lo que usted esperaba aquí en México?
> Nada, yo no quería venir.
>
> ¿Pero qué era lo que prometían?

De todo lo que prometieron no esperaba nada. Porque ya sé que es muy fácil ofrecer y muy difícil cumplir.

¿Pero qué era lo que prometían?
Ay… Una casa.

Desde que llegué a Cuernavaca no he escrito.
¿Por qué?
No sé. Me deprimió mucho Cuernavaca. La casa tan chiquita y el calor.

¿Qué fue lo último que escribiste?
Un artículo sobre mi llegada a México.

Elena, ¿eres feliz?
No.
¿Por qué?
Quién sabe. Tampoco soy desdichada. Soy neutra.

¿Para ti qué es la felicidad?
Algo que no se alcanza en este mundo, si se alcanza.

¿Y por qué no se alcanza?
Porque somos malos.

Y llegamos, qué casa ni qué ojo de hacha. Ni qué empleo. Nada.

Reina de espadas —al revés—

Tus libros y tu vida están poblados de fantasmas. Presencias inquietantes, oscuras, persecutorias, algunas de carne y hueso y otras más que te inventabas, pero que para ti eran igual de reales. Ahora tú eres también un fantasma con el que algunas hablamos. Leí a Luna Miguel hablarte en un libro que se llama *El coloquio de las perras*. Te dice: «Querida Elena, con razón te llamaron reina marginada. O en palabras de María Luisa Mendoza: "la reina más pobre". Yo he aprendido que eres esa reina por cosas que nada tienen que ver con tu obra. Nadie te ha permitido aún coronarte como "la mejor escritora de México"». Emmanuel Carballo te llamó «su Majestad Elena Primera» y para mí eres la reina de espadas, esa reina que le salió en el tarot a tu amigo Enrique y que dijo que eras tú. De armas tomar sí que eras, aunque te dijeras pacifista. Te gustaba san Miguel porque sostiene el mundo con su espada, ibas con la espada desenvainada por la vida, tu lengua, una daga filosa que no dejaba títere con cabeza. Y aunque aguantaste muchos horrores también supiste rebelarte, criticar, exigir, luchar, ser hasta imprudente, cruel, cabrona, altanera y traicionera. A veces parece que te sentías invencible, como una reina de espadas, a veces, la primera cabeza que querías cortar era la tuya. Aunque dicen que esa reina del tarot representa el discernimiento, lo racional, el control total de las emociones, y eso digamos que no era tu fuerte. Pero la carta le salió a Enrique al revés, y eso sí creo que podrías ser: la reina de espadas al revés.

Pues al revés o al derecho, para mí eres una reina de espadas y así se va a llamar este libro, para darte gusto, a ti que preferías la monarquía, a ti que —no te hagas— te habría encantado ser una reina. Que quisiste ser una reina y acabaste siendo una bruja. Una reina bruja —que las hay también, claro que sí— perseguida y delirante, aislada del mundo con tus gatos, leyendo el tarot y las constelaciones. Te lo digo con cariño.

86 casas

Su sobrino, Jesús Garro, contó un total de 86 domicilios en los que vivió Elena Garro: «entre casas, departamentos, hoteles, conventos, asilo de las damas católicas de España y, el último, uno que tanto anheló en su vida: un hogar sólido en el Panteón de la Paz en Cuernavaca».

Garro Velázquez y Schmidhuber de la Mora, «Elena Garro, dramaturga», en *Teatro completo*, p. XXXV.

Helena escribió que su madre le contaba de su infancia en Iguala, de sus hermanos y sus travesuras, y siempre terminaba diciendo: «Fui tan feliz en mi casa». A la casa donde vivían las dos Elenas y Paz, Elena nunca la llamó «mi casa».

Memorias, p. 394.

En una carta de 1986 le escribe a Emilio Carballido: «Sueño con casas de madera, muy bonitas, de tres pisos y cuartos grandes, limpias, brillantes y Helena y yo jugamos a las escondidas y nos dan ataques de risa, mientras las visitas están platicando en el salón».

Elena Garro Papers.

Del tiempo y de la memoria

Contaba Elena que cuando era niña jugaba a deslizarse por el barandal con su hermana Deva y en una de esas se cayó, se golpeó y por tres meses no tuvo recuerdos. Sobre ese periodo de amnesia escribió: «El verdadero asesinato es borrar de la memoria propia y de los demás la imagen de alguien, ese alguien no solo deja de existir sino que jamás existió, no es ni siquiera una sombra. La memoria interrumpida durante esos meses es un misterio tan grave como mi primer memoria». Estar, dice Elena, es recordar.

Elena Garro Papers.

Su obra entera puede leerse como un tratado sobre el tiempo y la memoria. Su concepción del tiempo, decía, la había aprendido de su padre, que sabía de budismo y leía a Einstein, y con los nahuas en Iguala. Un tiempo no lineal, sino cíclico o simultáneo, dependiente del espacio y del ánimo, donde coexisten presente, pasado y futuro y otros tiempos innombrables. Y una memoria que hace al tiempo, que es el tiempo y la existencia. En su obra hay casas en donde el tiempo no corre, días de la semana que son personas, relojes invisibles, fantasmas condenados a repetirse y tiempos históricos paralelos. Estas son algunas frases de su obra que van del tiempo y de la memoria:

De *Andarse por las ramas*:

«¿Ha pensado usted, don Fernando de las Siete y Cinco, en dónde se meten los lunes? En siete días no sabemos nada de ellos».

Teatro completo, p. 35.

También de *Andarse por las ramas*:

«El lunes somos nosotros, estrellas caídas en la noche del domingo».

Teatro completo, p. 41.

De *La dama boba*:

«Lo oigo, maestro, y le digo que el tiempo dura y no dura. A veces es largo como la enfermedad de un día, y a veces corto, tan corto como los noventa años de mi abuelita, que se fueron retratados en un abrir y cerrar de ojos de mi abuelito».

Teatro completo, p. 144.

De *Felipe Ángeles*:

«El tiempo, el tiempo, siempre el tiempo… Quizás, coronel, el tiempo nuestro se ha gastado y empieza ahora un tiempo nuevo… imprevisible. Tal vez el tiempo es algo finito…».

Teatro completo, p. 227.

De *Andamos huyendo, Lola*:

Andamos huyendo, Lola, p. 259.

«Nada hay más difícil que "hacer tiempo". ¿Cómo se hace "tiempo"? Tal vez andando hacia atrás».

Los recuerdos del porvenir, p. 16.

De *Los recuerdos del porvenir*:

«En esta calle hay una casa grande, de piedra, con un corredor en forma de escuadra y un jardín lleno de plantas y de polvo. Allí no corre el tiempo: el aire quedó inmóvil después de tantas lágrimas».

Los recuerdos del porvenir, p. 18.

También de *Los recuerdos del porvenir*:

«La memoria contiene todos los tiempos y su orden es imprevisible».

Los recuerdos del porvenir, p. 26.

Una más de *Los recuerdos del porvenir*:

«Sin el tictac, la habitación y sus ocupantes entraron en un tiempo nuevo y melancólico donde los gestos y las voces se movían en el pasado. Doña Ana, su marido, los jóvenes y Félix se convirtieron en recuerdos de ellos mismos, sin futuro, perdidos en una luz amarilla e individual que los separaba de la realidad para volverlos solo personajes de la memoria».

Testimonios sobre Mariana, p. 7.

De *Testimonios sobre Mariana*:

«La vida está hecha de pedazos absurdos de tiempo y de objetos impares».

Obituarios

José Bianco murió en Buenos Aires en 1986.

Octavio Paz murió el 19 de abril de 1998. A su muerte, Elena dijo: «Se me adelantó. Él me va a recibir allá arriba. Yo lo perdono, sé que él me ha perdonado y espero pronto reunirme con él. La muerte es vivir para siempre».

Poniatowska, *Obras reunidas III*, p. 84.

Cuatro meses después, el 22 de agosto de 1998, murió Elena Garro. Un puñado de personas la despidió en el entierro, en Cuernavaca.

Elena Garro, la pérdida del reino, p. 79.

El 8 de marzo de 1999 murió Adolfo Bioy Casares. Visité su tumba en el cementerio de la Recoleta, en Buenos Aires. No la encontraba porque no tiene nombre. Me guio un sepulturero y me contó que la placa con su nombre se cayó y la echó al fondo de la cripta, porque los herederos de Bioy no dan dinero para arreglarla. (Silvina Ocampo está en el mismo cementerio y su tumba tampoco tiene su nombre.)

El 30 de marzo de 2014, a los 74 años, murió Helena Paz Garro, un día antes del centenario del nacimiento de su padre y de las celebraciones oficiales que se harían para la ocasión.

Preguntas sobre la muerte

¿Qué creía Elena Garro de la muerte?

En una entrevista le dijo a Reynol Pérez Vázquez que pensaba que era pasar «de un estado a otro». «No puede ser el fin de esta vida. Tantas cosas para que todo se acabe. Morir es pasar de este lugar a otra dimensión, llámese cielo, llámese purgatorio, llámese infierno…», le dijo.

Lectura múltiple…, p. 203.

La obra de teatro *Un hogar sólido* es un diálogo entre los muertos bajo una cripta familiar mientras esperan el día del juicio final. Estas almas se imaginan que al llegar el Apocalipsis se convertirán en «todas las cosas». Y que después «de haber aprendido a ser todas las cosas, aparecerá la lanza de San Miguel, centro del universo, y a su luz surgirán las huestes divinas de los ángeles, y entraremos en el orden celestial».

Teatro completo, p. 12.

La protagonista de la obra *La señora en su balcón*, Clara, piensa que a su muerte se irá a Nínive, la capital perdida del imperio neoasirio, para encontrarse con un tiempo infinito. Imagina la muerte como su último escape, la huida de sí misma, la única fuga necesaria, un gran salto para «entrar en la ciudad plateada», que está «temblando en el tiempo como una gota de agua perfecta, translúcida, esperándome, intocada por los compases y las palabras inútiles».

Teatro completo, p. 93.

En *Los recuerdos del porvenir*, don Martín Moncada está seguro de que la muerte es un «estado perfecto», el momento en que los humanos recuperan «plenamente su otra memoria». Morir como recordar. Doña Matilde, en cambio, teme que morir sea un querer despertar y no despertar nunca.

Los recuerdos del porvenir, p. 40.

Los recuerdos del porvenir, p. 229.

¿Cómo se imaginaba su propia muerte?

Alguna vez la concibió así: «Yo quiero morir durmiendo y, para mi sepelio, a veces imagino un campanario y que yo estoy ahí muy contenta oyendo las campanas y viendo a la gente entrar a la iglesia a rezar por mí. Quiero ser un ángel aunque creo que fui un demonio».

Poniatowska, *Obras reunidas,* p. 85.

José Antonio Alarcón López le contó a Patricia Rosas Lopátegui que, un año antes de morir, cerca del día de muertos, estaba con ella en su casa de Cuernavaca. Después de tomarse unas galletas Marián con leche, Elena le dijo que ya se quería morir. Él le respondió que no pensara en eso, pero ella insistió. Se acordó de una canción que le gustaba mucho, una «muy mexicana» —la norteña *Cruz de madera*—. Y se la cantó:

Una cruz de madera de la más corriente,
eso es lo que pido cuando yo me muera.
Yo no quiero lujos ni mesas de adobes,
No quiero una caja que valga millones.
Lo único que quiero es que canten canciones,
que sea una gran fiesta la muerte de un pobre.

Cristales de tiempo, p. 253.

Le dijo que para su muerte le gustaría tener muchas flores rosas.

Bajo las buganvilias:

Su lápida dice:

El hogar
sólido de:
Elena Garro Navarro
Dic.-11-1916-Agosto-22-1998
Helena Laura Paz Garro
Dic.-12-1939-Marzo-30-2014
Yo solo soy memoria
y la memoria que de mí se tenga.
Y como la memoria contiene todos los tiempos
y su orden es imprevisible…
La memoria me devuelve intactos aquellos días.
Jesús Garro (El enano) y familia.

Hay un artículo de 2014 en que la periodista María Teresa Priego Broca cuenta su visita a la tumba de Elena Garro, en el cementerio Jardines de La Paz, de Cuernavaca. Ese año se encontró una lápida sin nombre. Pero de entonces para acá los familiares de Garro construyeron un pequeño mausoleo, una tumba de las que llaman «tipo casita», para Elena y para su hija. La casita es blanca, con un techo de teja sobre el que hay una pequeña chimenea y la estatua de un gato amarillo sonriente. Bajo el tejado está escrito el epitafio en letras negras. Dentro de la casita hay un pequeño recinto interior, con una foto de Elena abrazando a su hija, una cruz antigua de piedra, una veladora roja, una estatuilla de san Miguel Arcángel de pasta o plástico pintado, una foto de Garro abrazando a un hombre (quizás su sobrino), una cruz de madera con repujado plateado, algunas figuritas de gatos de cerámica y un pequeño cofre donde está escrita en aluminio repujado la palabra *Choupet* —que debe guardar, me imagino, las cenizas de alguno de sus gatos—. Sobre el metal de la puerta, en la parte de abajo, hay una reproducción del cuadro de Remedios Varo, *El paraíso de los gatos*. Los gatos de la pintura viven en un campo verde con un lago, donde hay mucho espacio para correr, trepar árboles y cazar pájaros, y también una torre para mirar por la ventana y refugiarse de la lluvia, y un móvil para que los gatos persigan los hilos, pinceles y moños que dan vueltas con el viento. Parece que a Elena no le gustaba Remedios Varo, que decía que era «otra loca», admiradora de Paz, y que la trataba mal.

Elena Garro: los recuerdos sin porvenir, p. 83.

Adornan la tumba una enredadera de buganvilias rojas y moradas, y un ficus grande que le da sombra.

Despedida al revés

¿Cómo terminamos este libro? No con tu muerte, porque ahí no acaba esta historia. Porque tu vida tocó vidas que siguen, historias que continúan, porque tu obra misma ha tenido una historia después de tu muerte. Una historia injusta, y hasta ahora, de mucho silencio. Pero después de tanto tiempo siendo una escritora de culto, hoy tus libros se reeditan y están llegando a más y más ojos, que le están dando una nueva vida.

Quedan muchos misterios sin resolver. Muchas cartas desaparecidas y secretos enterrados con los muertos. Y algunas otras respuestas que estoy segura de que ni los mismos muertos conocen.

Llevo dos años, seis meses y dos días metida en tu cabeza y en tu vida, Elena Garro, y es agotador estar ahí. Releo tu historia una y otra vez, las distintas versiones —son de verdad muy distintas: la santa, la loca, la heroína, la cómica— y sigues para siempre atrapada en ellas. Como si no supiera el final, cada vez tengo la esperanza de que ahora sí logres salvarte, y nada.

Cada vez tu encanto, tu simpatía, tu inteligencia y tu brillo se vuelven víctimas de la Historia, de los demás y (sobre todo, quizás) de ti misma. Siempre que regreso a tus orígenes te deseo un final feliz y no sé cómo escribirlo si no es de atrás para adelante: empezando tu vida en la muerte y terminándola en la infancia. Y ahora que me acuerdo, eso es lo que voy a hacer, porque a ti siempre te gustaron los reveses, las cuentas regresivas, porque dices que a ti todo te pasó al revés.

Así que terminemos con esta imagen, Elena: contigo en Iguala, corriendo en un jardín, trepándote a un ciruelo con tu resortera, mirando el cielo en llamas y al sol ponerse detrás de los cerros.

Fuentes, charcos y manantiales

La mayoría de las citas de este libro provienen de los títulos que enlisto a continuación. Algunas son citas de las cartas y documentos que se encuentran en los archivos de Elena Garro y de José Bianco, en la biblioteca Firestone de Princeton University.

Bianco, José, *La pérdida del reino*, Adriana Hidalgo, Argentina, 2004.

Bioy Casares, Adolfo, *El sueño de los héroes*, Emecé, Argentina, 1984.

Bioy Casares, Adolfo, *Memorias*, Alfaguara, España, 2022.

Cabrera, Rafael, *Debo olvidar que existí. Retrato inédito de Elena Garro*, Debate, México, 2017.

Carballo, Emmanuel, *Protagonistas de la literatura mexicana*, Porrúa, México, 2003.

Domínguez Michael, Christopher, *Octavio Paz en su siglo*, Debolsillo, México, 2019.

Enriquez, Mariana, *La hermana menor, un retrato de Silvina Ocampo*, Universidad Diego Portales, Chile, 2014.

Garro, Elena, *Antología de Geney Beltrán Félix*, Cal y arena, México, 2016.

Garro, Elena, *Cristales de tiempo*, edición, estudio preliminar y notas de Patricia Rosas Lopátegui, La Moderna y Rosas Lopátegui Publishing, México, 2018.

Garro, Elena, *Cuentos completos*, prólogo de Geney Beltrán Félix, Alfaguara, México, 2017.

Garro, Elena, *Diálogos con Elena Garro Vol. 1. Antes y después del 68*, edición, estudio preliminar y notas de Patricia Rosas Lopátegui, Gedisa, México, 2020.

Garro, Elena, *Diálogos con Elena Garro Vol. 2. El retorno del exilio*, edición, estudio preliminar y notas de Patricia Rosas Lopátegui, Gedisa, México, 2020.

Garro, Elena, *Inés*, Grijalbo, México, 1995.

Garro, Elena, *La semana de colores*, Grijalbo, México, 1987.

Garro, Elena, *Los recuerdos del porvenir*, Alfaguara, México, 2021.

Garro, Elena, *Material de lectura*, notas introductorias de Cristina Rivera Garza y Marco Aurelio Carballo, UNAM, 2021.

Garro, Elena, *Memorias de España*, prólogo de Patricia Rosas Lopátegui, Salto de Página, México, 2013.

Garro, Elena, *Novelas breves*, prólogo de Jazmina Barrera, cuidado de la edición de Álvaro Álvarez Delgado, Alfaguara, México, 2022.

Garro, Elena, *Novelas escogidas (1981-1998)*, compilación y prólogo de Geney Beltrán Félix, FCE, México, 2016.

Garro, Elena, *Obras Reunidas III, novela*, prólogo de María Luisa Mendoza, y advertencia de Patricia Rosas Lopátegui, FCE, México, 2010.

Garro, Elena, *Relatos recuperados*, prólogo de Olivia Teroba, Benemérita Universidad Autónoma de Puebla y Ediciones del Lirio, México, 2023.

Garro, Elena, *Teatro completo*, prólogo de Jesús Garro y Guillermo Schmidhuber, FCE, 2016.

Garro, Elena, *Testimonios sobre Mariana*, Grijalbo, México, 1981.

Glantz, Margo, «Elena Garro: el color de la muerte», en Biblioteca virtual Miguel de Cervantes, 2021.

Glantz, Margo, «Elena Garro y sus enigmas», en *Letras Femeninas*, vol. 29, no. 1, número especial *Vida y ficción en la obra de Elena Garro*, 2003.

Glantz, Margo, «Los enigmas de Elena Garro», *Anales de literatura hispanoamericana*, 1999, 28: 681-697.

Guerriero, Leila (editora), *Extremas*, Universidad Diego Portales, Chile, 2019.

Miguel, Luna, *El coloquio de las raras*, Capitán Swing Libros, España, 2019.

Mora, Gabriela, Lucía Melgar *et al.*, *Elena Garro: lectura múltiple de una personalidad compleja*, México, 2018.

Paz, Octavio, *Iconografía*, prólogo, investigación iconográfica, notas y selección de textos, Rafael Vargas, FCE y Fondo Editorial Universidad Autónoma de Querétaro, México, 2020.

Paz, Octavio, *Obra poética (1935-1988)*, Seix Barral, España, 1990.

Paz, Octavio, *Odi et amo: las cartas a Helena, edición de Guillermo Sheridan*, Siglo Veintiuno, México, 2021.

Paz Garro, Helena, *Memorias*, Debolsillo, México, 2019.

Pedroza, Liliana, *Andamos huyendo, Elena*, Tierra Adentro, 2007.

Poniatowska, Elena, *Obras reunidas*, FCE, México, 2012.

Puig, Carlos, «Espionaje a los intelectuales en los setentas: supuestas confidencias de Elena Garro sobre Oswald, en los archivos del caso Kennedy», *Proceso*, no. 803, 1992.

Ramírez, Luis Enrique, *La ingobernable, encuentros y desencuentros con Elena Garro*, Raya en el agua, México, 2000.

Ramos, Laura, *Los recuerdos sin porvenir*, Aguilar, México, 2023.

Ríos, Brenda, *Raras, ensayos sobre el amor, lo femenino, la voluntad creadora*, Turner, México, 2019.

Rosas Lopátegui, Patricia, *El asesinato de Elena Garro*, prólogo de Elena Poniatowska, Universidad Autónoma del estado de Morelos y Porrúa, 2005.

Rosas Lopátegui, Patricia, *Yo solo soy memoria, biografía visual de Elena Garro*, Ediciones Castillo, México, 2000.

Rosas Lopátegui, Patricia *et al.*, «Elena Garro», *Hispamérica*, vol. 20, no. 60, 1991, pp. 55–71.

Ruiz Parra, Emiliano, *Elena Garro, la pérdida del reino*, edición de autor, México, 2021. (Al cierre de la edición de este libro, seguía inédita la edición de este libro de la *Brigada para leer en libertad.*)

Sheridan, Guillermo, «La dama misteriosa, Elena Garro y el asesino de Kennedy», *Letras Libres*, México, 7 de mayo de 2017.

Sheridan, Guillermo, «Una carta postrera de Elena Garro a Octavio Paz», *Letras Libres*, México, 13 de septiembre de 2017.

Gracias

A María Fernanda Álvarez por su iniciativa y generosidad. A las amistades que leyeron este libro y que tanto le aportaron: César Tejeda, Isabel Zapata, Margarita García Robayo, Verónica Murguía, Emiliano Ruiz Parra, Luna Miguel, Pau Luque, Andrés Braithwaite, Diego Zúñiga, Marina Azahua, Francisco Carrillo y Nayeli García. A Rafael Cabrera y Luigi Amara por prestarme esos libros inconseguibles. A Mariana Enriquez y Mercedes Halfon por su ayuda tras las pistas en Argentina. A Jorge Comensal, Aurelia Cortés Peyron, Isabel Zapata, Marina Azahua y Elisa Díaz Castelo por jugar al juego de las preguntas. A Julián Herbert por leerme las cartas. A la Casa Estudio Cien Años de Soledad por acogerme durante la escritura de este libro. Al programa de Jóvenes Creadores del Fonca por la beca que tuve en ese mismo periodo. A Javier Guerrero y al equipo a cargo de los archivos de la biblioteca Firestone por su amable asesoría. A Cecilia García-Huidobro, Valentina Litvan, Nancy Calomarde y Alejandro Lámbarry por su complicidad en la fiebre de los archivos. A Paula Canal y Andrea Montejo por su apoyo indiscutible e indispensable. A John Wray y a Joanna Delgado Chiaberto por su amistad y por recibirme en su casa mientras investigaba. A María Teresa Velázquez, María Elisa Velázquez, Adolphe Lechenberg, Érika Morales y a todas las personas que han cuidado a mi hijo mientras escribo. A Alejandro Zambra, por sus contribuciones a este libro y por ser siempre un hogar sólido.

Y a todas las personas que han mantenido viva la memoria y la obra de Elena Garro.

Algunos títulos imprescindibles de Lumen de los últimos años

Almudena. Una biografía | Aroa Moreno Durán y Ana Jarén
Como de aire | Ada d'Adamo
Colección particular | Juan Marsé
Rabos de lagartija | Juan Marsé
Últimas tardes con Teresa | Juan Marsé
Si te dicen que caí | Juan Marsé
El cuaderno de Nerina | Jhumpa Lahiri
Crónicas del gato viajero | Hiro Arikawa
La trilogía de París | Colombe Schneck
Mistral. Una vida | Elizabeth Horan
Me llamo cuerpo que no está. Poesía completa | Cristina Rivera Garza
La tierra más salvaje | Lauren Groff
Los secretos de Oxford | Dorothy L. Sayers
El enigma Paco de Lucía | César Suárez
Todo queda en casa | Alice Munro
Cuentos reunidos | Cynthia Ozick
Cuentos completos | Katherine Anne Porter
Cuentos completos | Flannery O'Connor
Narrativa completa | Dorothy Parker
El arte de leer | W. H. Auden
El Club del Crimen | C. A. Larmer
Las brujas de Monte Verità | Paula Klein
Simone de Beauvoir. Lo quiero todo de la vida | Julia Korbik y Julia Bernhard

Días de fantasmas | Jeanette Winterson
La resta | Alia Trabucco Zerán
La librería y la diosa | Paula Vázquez
Diario de una bordadora | Srta. Lylo
Autobiografía de Irene | Silvina Ocampo
La promesa | Silvina Ocampo
Las desheredadas | Ángeles Caso
Summa de Maqroll el Gaviero. Poesía reunida (1947-2003) | Álvaro Mutis
Donde vuela el camaleón | Ida Vitale
Mafalda para niñas y niños | Quino
El amor en Francia | J. M. G. Le Clézio
Memorias | Arthur Koestler
Vladimir | Leticia Martin
¿Y si fuera feria cada día? | Ana Iris Simón y Coco Dávez
La vida de Maria Callas. Tan fiera, tan frágil | Alfonso Signorini
Elizabeth y su jardín alemán | Elizabeth von Arnim
Un crimen con clase | Julia Seales
Las dos amigas (un recitativo) | Toni Morrison
El libro de arena | Jorge Luis Borges
Sevillana | Charo Lagares
El nombre de la rosa. La novela gráfica | Umberto Eco y Milo Manara
Confesiones de un joven novelista | Umberto Eco
Apocalípticos e integrados | Umberto Eco
Cuentos completos | Jorge Luis Borges
El libro de los niños | A. S. Byatt
Hopper | Mark Strand
Cómo domesticar a un humano | Babas y Laura Agustí
Annie John | Jamaica Kincaid

Este libro
terminó de imprimirse
en Barcelona
en octubre de 2025

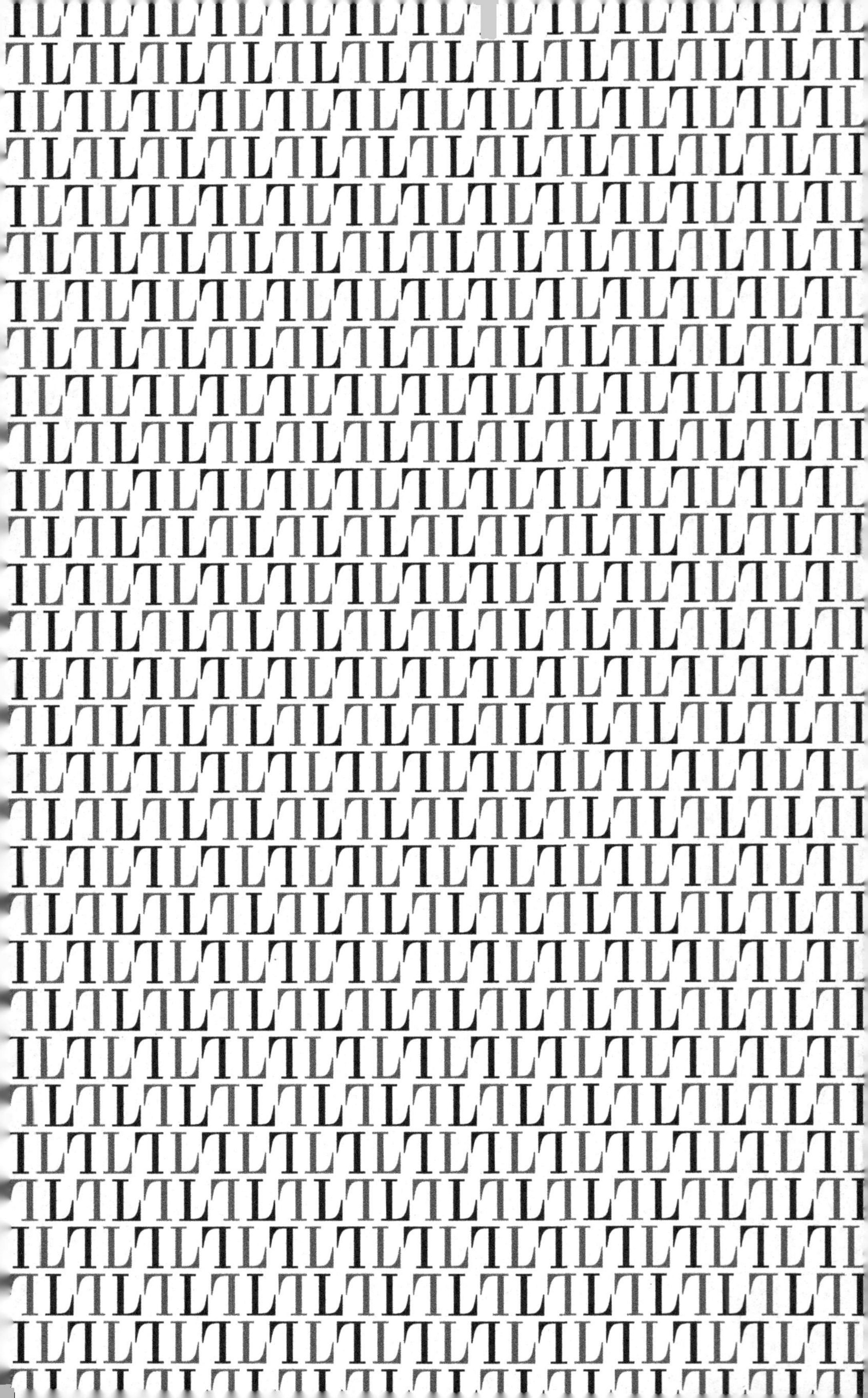